HAL LEONARD RÉPERTOIRE D'ACCORDS INSTANTANÉ

SECONDE ÉDITION

MÉTHODE DE GUITARE

Guide facile à utiliser contenant plus de 1 100 accords de guitare

ISBN 978-1-4584-1810-4

HAL•LEONARD® CORPORATION
7777 W. BLUEMOUND RD. P.O. BOX 13819 MILWAUKEE, WI 53213

T0050719

Visitez Hal Leonard en ligne sur
www.halleonard.com

LIRE LES NOMS DES ACCORDS

Symboles des accords utilisés dans ce guide :	Noms des accords :	Autres symboles utilisés pour les mêmes accords :
Do (C)	Do (C) majeur	Do (C) parfait
C6	Do (C) sixième	
C7	Do (C) septième	Cdom7
C9	Do (C) neuvième	
C11	Do (C) onzième	
C11+	Do (C) onzième dièse	C9(♯11)
C13	Do (C) treizième	
Cmaj7	Do (C) majeur 7	CM7, C△7
Cmaj9	Do (C) majeur 9	CM9, C△9
Cmaj11	Do (C) majeur 11	CM11, C△11
C7-5	Do (C) septième, quinte bémol	C7(♭5)
C7-9	Do (C) septième, neuvième bémol	C7(♭9)
C7-10	Do (C) septième, dixième bémol	C7(♯9)
C7+5	Do (C) septième augmentée	C7(♯5)
C9+5	Do (C) neuvième augmentée	C9(♯5)
$C7^{-9}_{+5}$	Do (C) septième augmentée, neuvième bémol	$C7^{(♭9)}_{(♯5)}$
C6•9	Do (C) sixième, neuvième	C^6_9, $C^6/9$
C dim.	Do (C) diminuée	C°
C+5	Do (C) augmentée	C aug., C(♯5), C+
Csus4	Do (C) quarte suspendue	C sus.
C7sus4	Do (C) septième, quarte suspendue	C7 sus.
Cm	Do (C) mineur	C-, Cmin
Cm6	Do (C) mineur 6	C-6
Cm7	Do (C) mineur 7	C-7, Cmin7
Cm9	Do (C) mineur 9	C-9
Cm7-5	Do (C) mineur 7, quinte bémol	Cm7(♭5)
Cm7-9	Do (C) mineur 7, neuvième bémol	Cm7(♭9)
Cm+7	Do (C) mineur, septième majeure	Cm(maj. 7)
Cm9+7	Do (C) mineur 9, septième majeure	Cm9(maj. 7)
Cm+5	Do (C) mineur, quinte dièse	Cm(♯5)
Cm6•9	Do (C) mineur 6, neuvième	Cm^6_9, $Cm^6/9$

DIAGRAMMES D'ACCORDS DE GUITARE

Le *Répertoire d'accords instantané* vous permet d'accéder instantanément à plus de 1 100 harmonisations d'accords. Le diagramme du haut représente l'harmonisation la plus courante pour chaque accord, suivie de deux autres harmonisations possibles.

CORDES
Les lignes verticales figurant dans chaque diagramme représentent les six cordes de la guitare, la première (Mi [E] aigu) étant la corde de droite.

FRETTES
Les frettes sont indiquées par des lignes horizontales. Si une harmonisation d'accord doit être jouée en position plus haute, le numéro de frette apparaît en haut à gauche du diagramme. Par exemple, le diagramme de droite montre le numéro 4 en haut et à gauche, indiquant que la frette supérieure du diagramme correspond à la quatrième frette sur la touche.

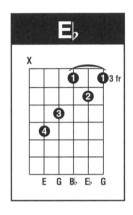

DOIGTS DE LA MAIN GAUCHE
Les doigts de la main gauche sont numérotés de 1 à 4, à partir de l'index. Les cercles noirs numérotés représentent graphiquement le doigté à utiliser pour cet accord.

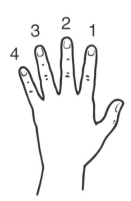

CORDES NON JOUÉES
Les cordes qui ne sont pas jouées sont indiquées par un « X » en haut du diagramme.

CORDES OUVERTES
Les cordes non marquées par un cercle noir ou un « X » sont jouées en position ouverte. (Par exemple : les 1ère et 3ème cordes de l'accord en do [C] sont jouées en position ouverte).

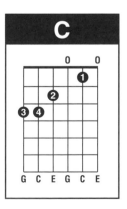

ACCORDS BARRÉS

La figure ⌒ indique que plusieurs cordes sont « barrées », c'est-à-dire maintenues simultanément avec le doigt indiqué. Le diagramme C7 de droite montre le premier doigt barrant les six cordes situées derrière la troisième frette.

NOMS DES NOTES

La lettre figurant au bas de chaque corde indique le nom de chaque note formant cet accord particulier.

TROUVER LA NOTE FONDAMENTALE

Le cercle noir sur la corde indiquée d'une flèche montre la note fondamentale de l'accord. Dans les diagrammes où aucune flèche n'apparaît, la note fondamentale est indiquée par un cercle blanc.

DIAGRAMMES D'ACCORDS DE GUITARE BASSE

Le *Répertoire d'accords instantané* s'adresse également aux bassistes. Lorsque vous utilisez un diagramme pour trouver une note de basse électrique, reportez-vous aux quatre cordes inférieures dans la zone ombrée du diagramme. Ces cordes inférieures sont les mêmes sur une guitare et sur une basse électrique.

En règle générale, un bassiste ne joue pas les accords complets mais doit connaître l'emplacement des différents composants de l'accord (par exemple, note fondamentale, tierce ou quinte). Vous pouvez choisir de jouer en note de guitare basse chacune des notes montrées avec les doigtés à 6 cordes.

Les numéros de doigtés indiqués dans les cercles noirs s'appliquent essentiellement à la guitare 6 cordes et peuvent être adaptés à la basse électrique.

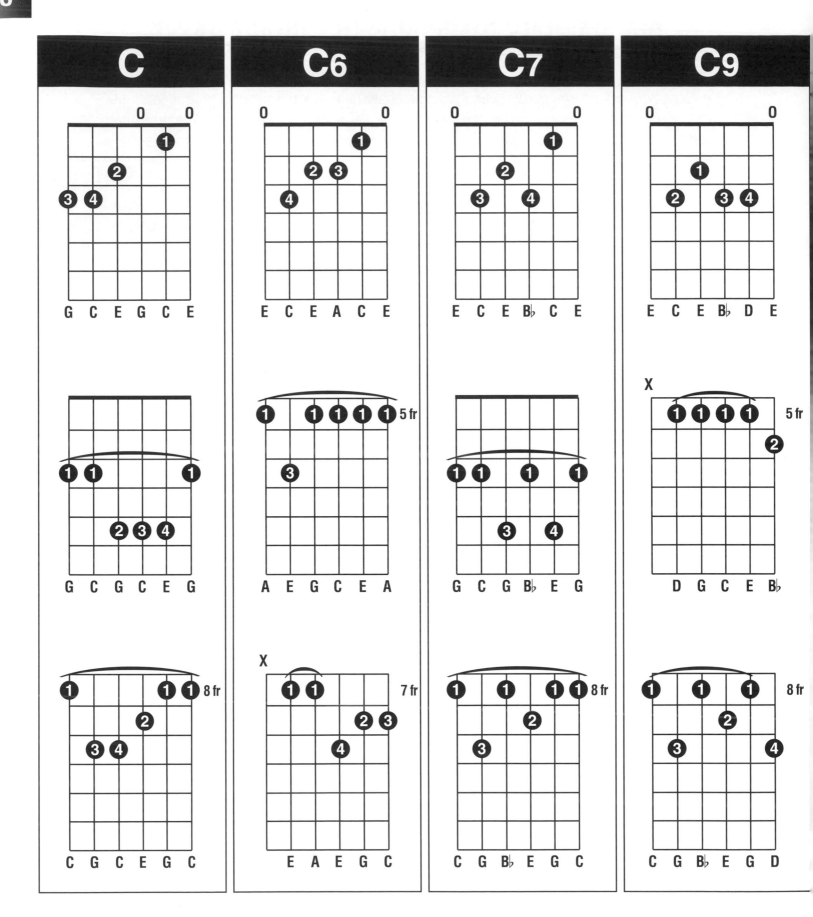

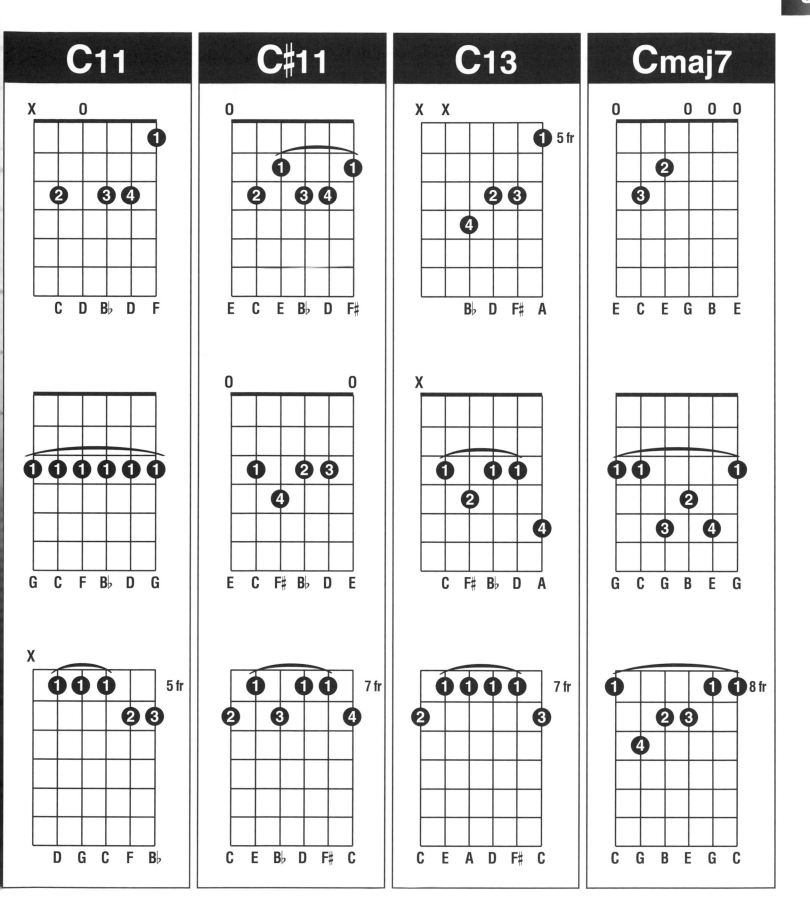

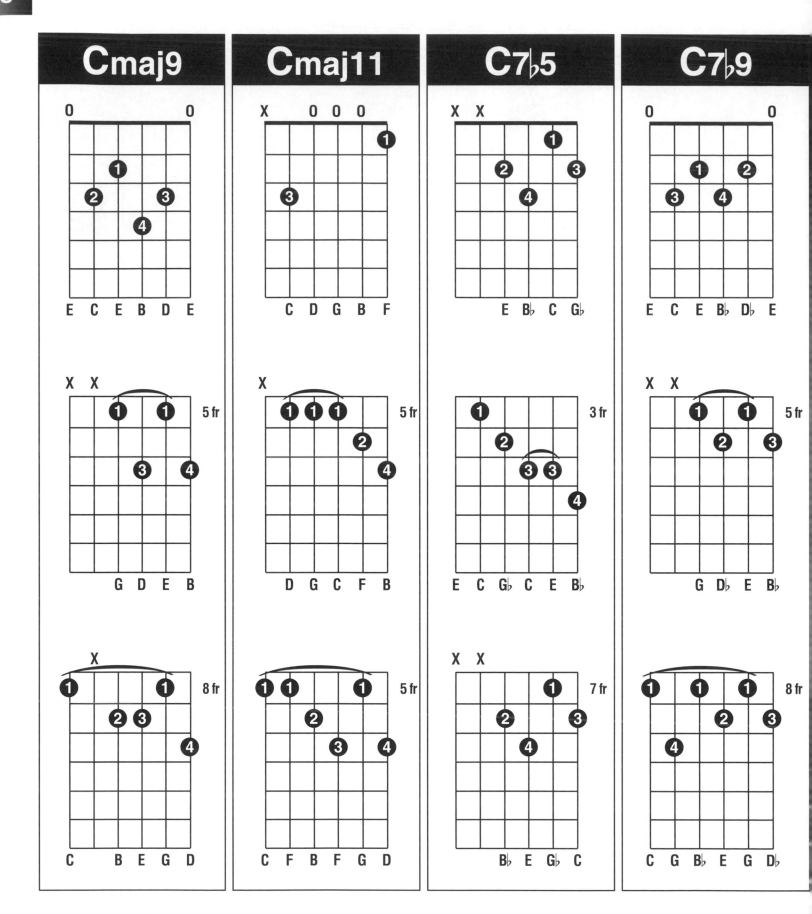

Cmaj9

Cmaj11

C7♭5

C7♭9

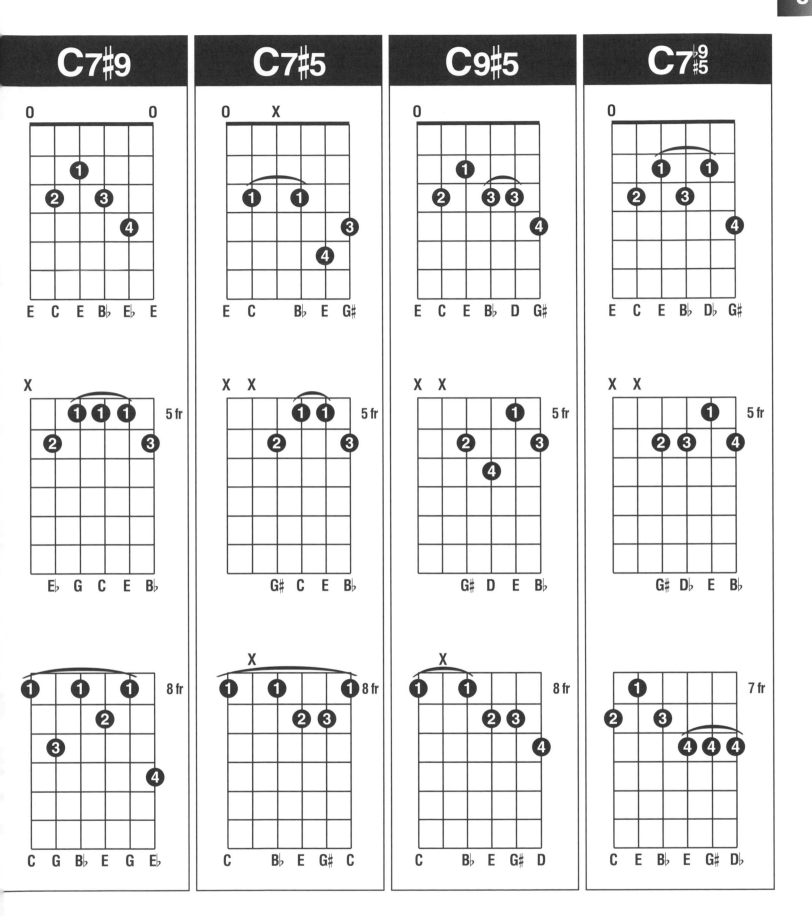

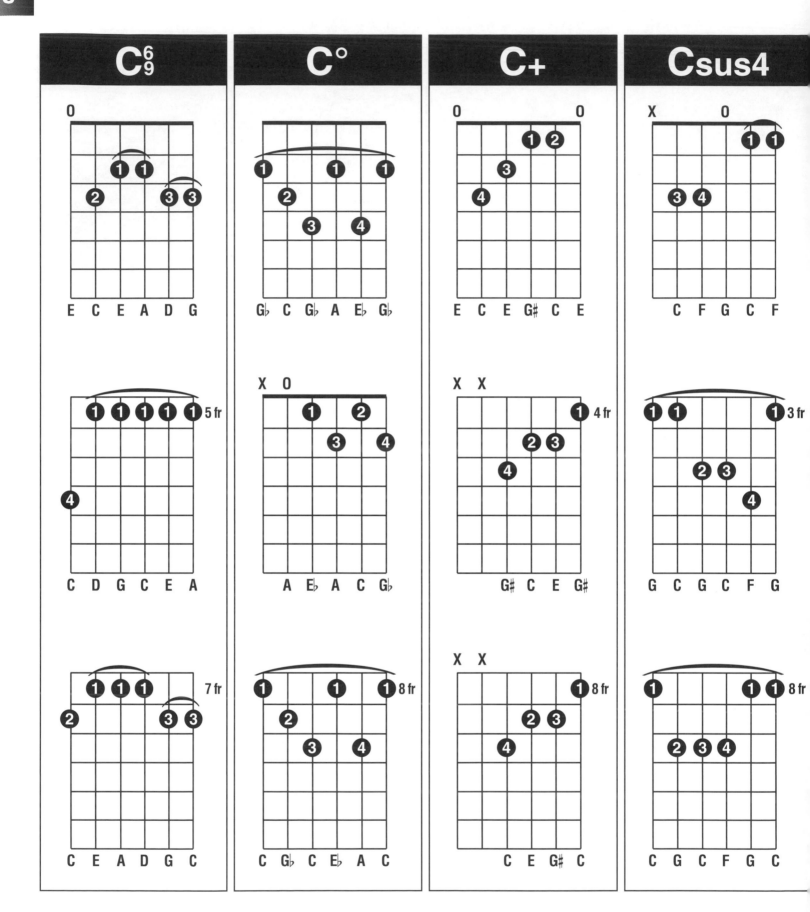

C^6_9

C°

C+

Csus4

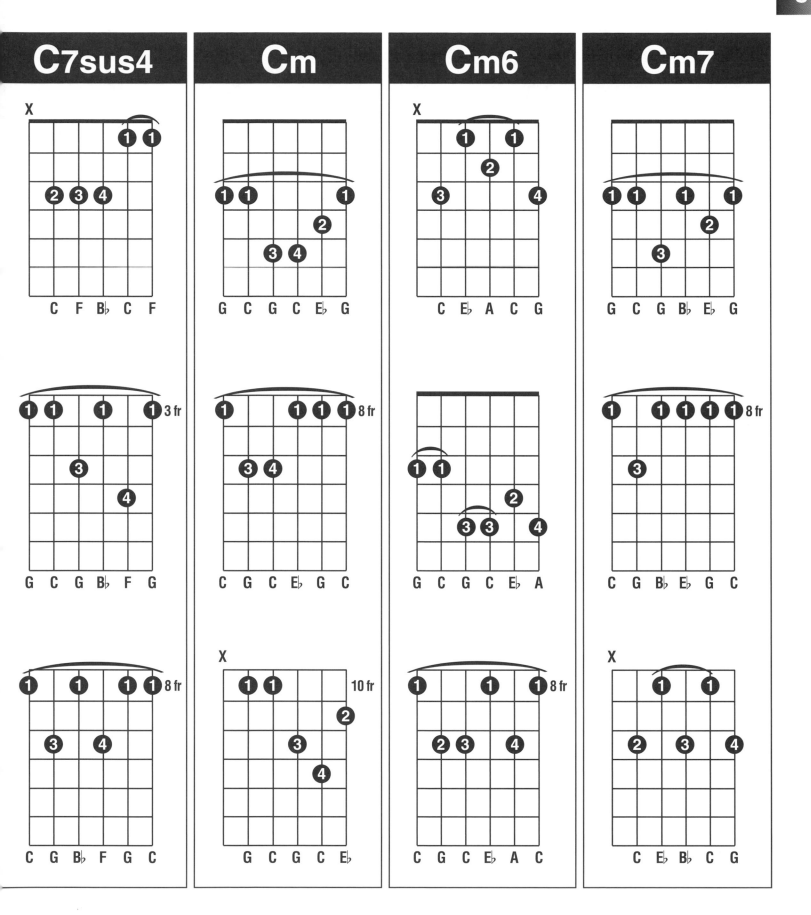

C7sus4

Cm

Cm6

Cm7

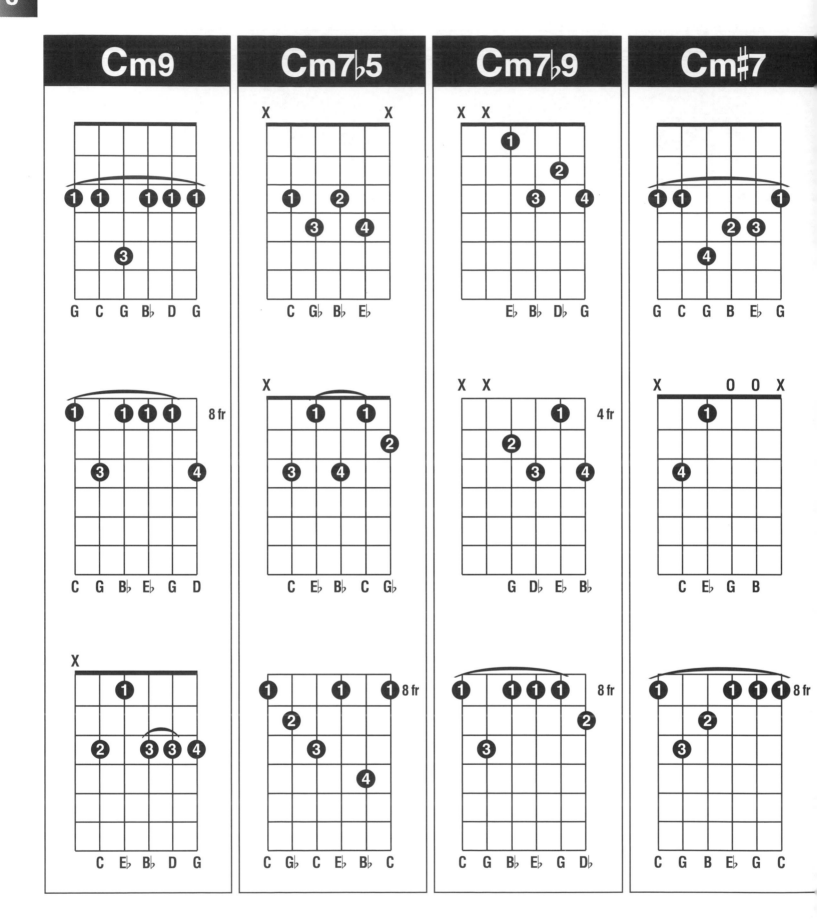

Cm9

G C G B♭ D G

C G B♭ E♭ G D   8 fr

X

C E♭ B♭ D G

Cm7♭5

X   X

C G♭ B♭ E♭

X

C E♭ B♭ C G♭

C G♭ C E♭ B♭ C   8 fr

Cm7♭9

X X

E♭ B♭ D♭ G

X X

G D♭ E♭ B♭   4 fr

C G B♭ E♭ G D♭   8 fr

Cm♯7

G C G B E♭ G

X   0 0 X

C E♭ G B

C G B E♭ G C   8 fr

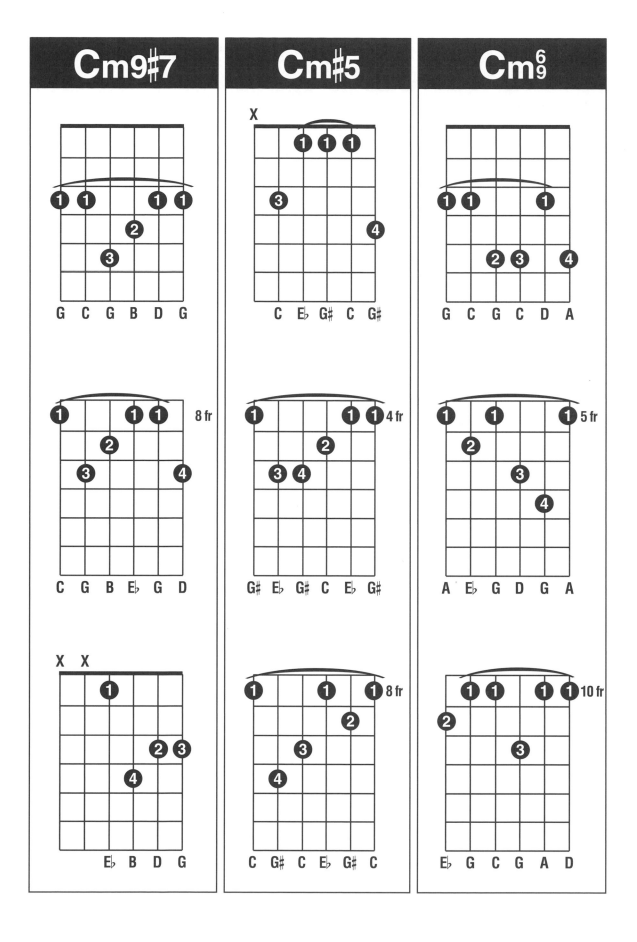

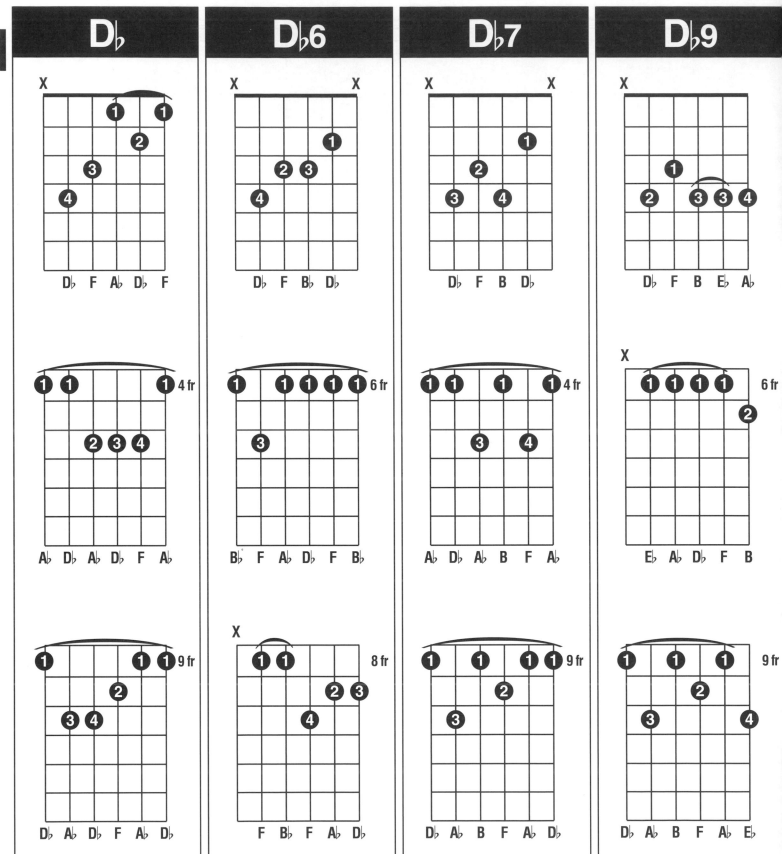

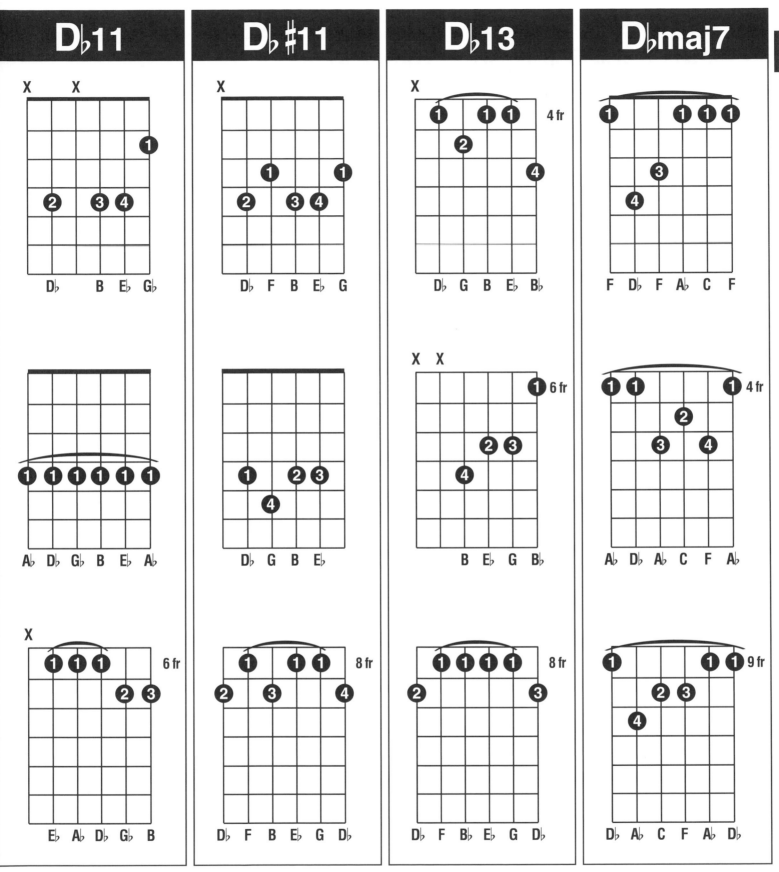

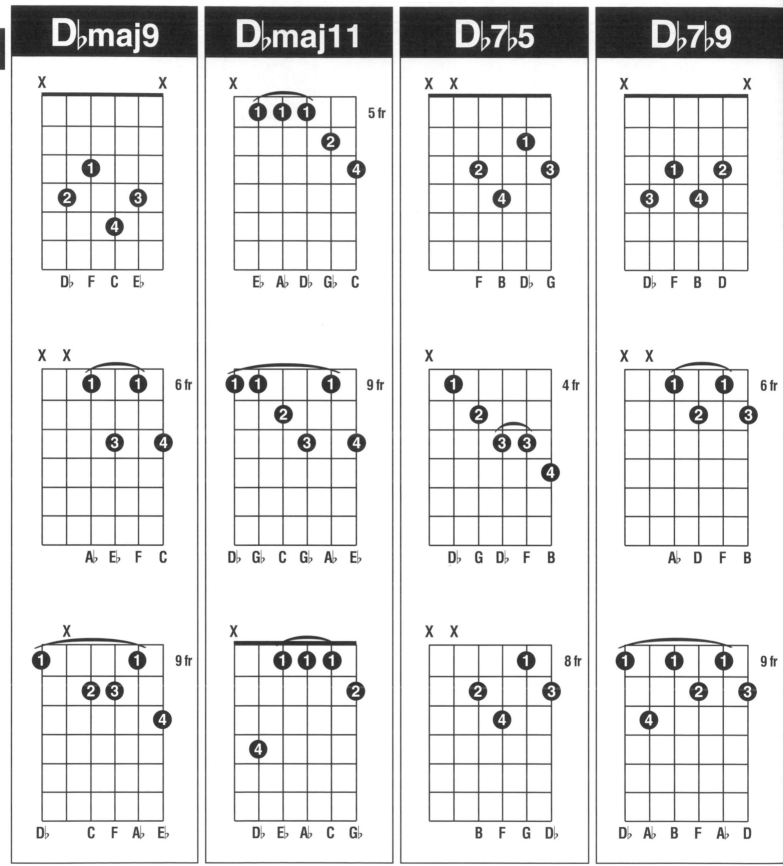

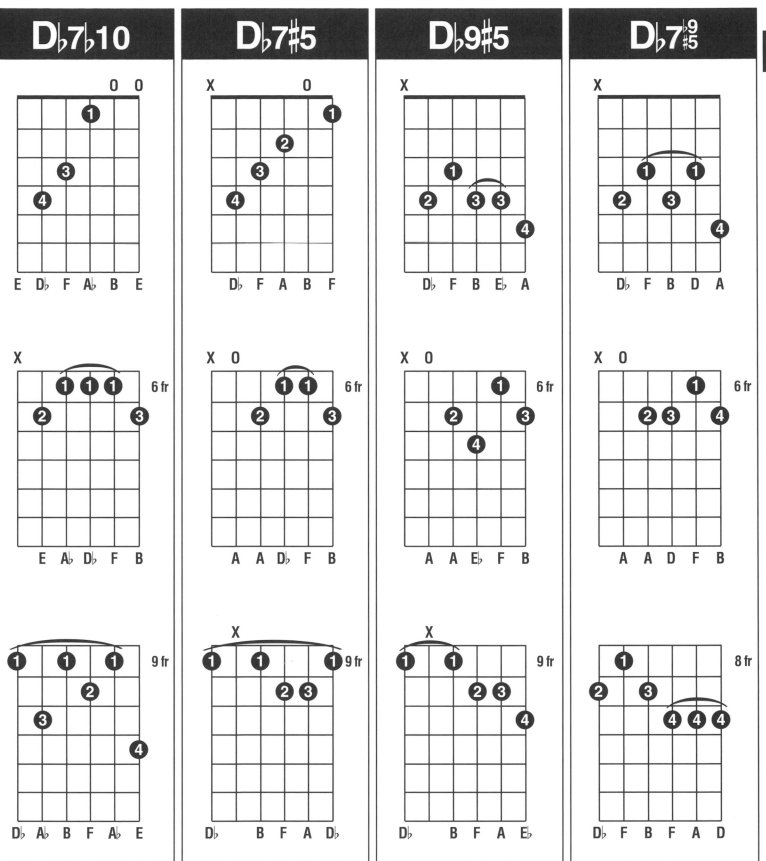

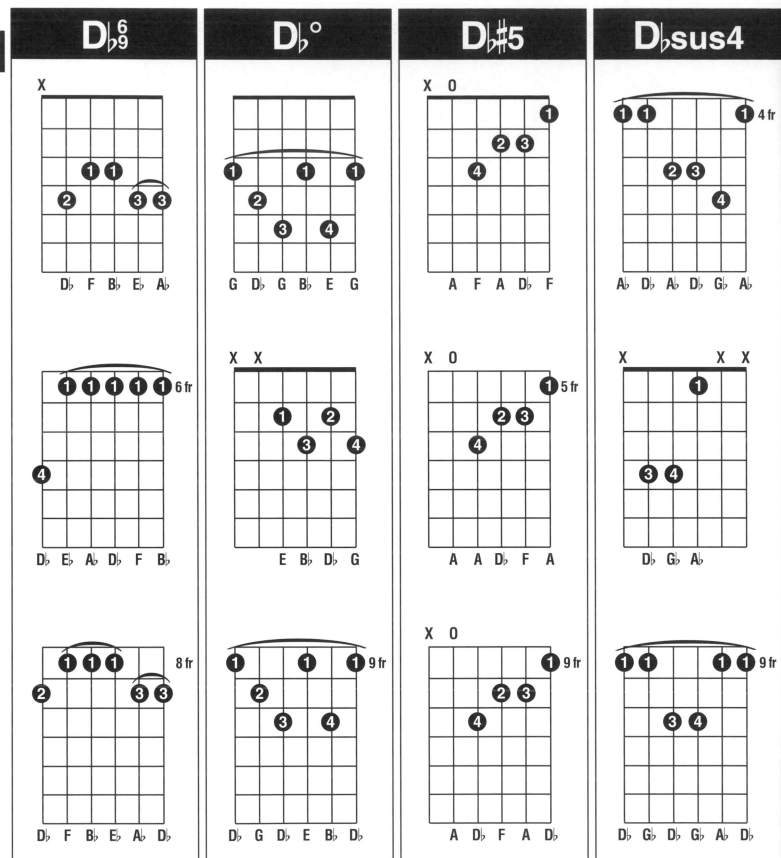

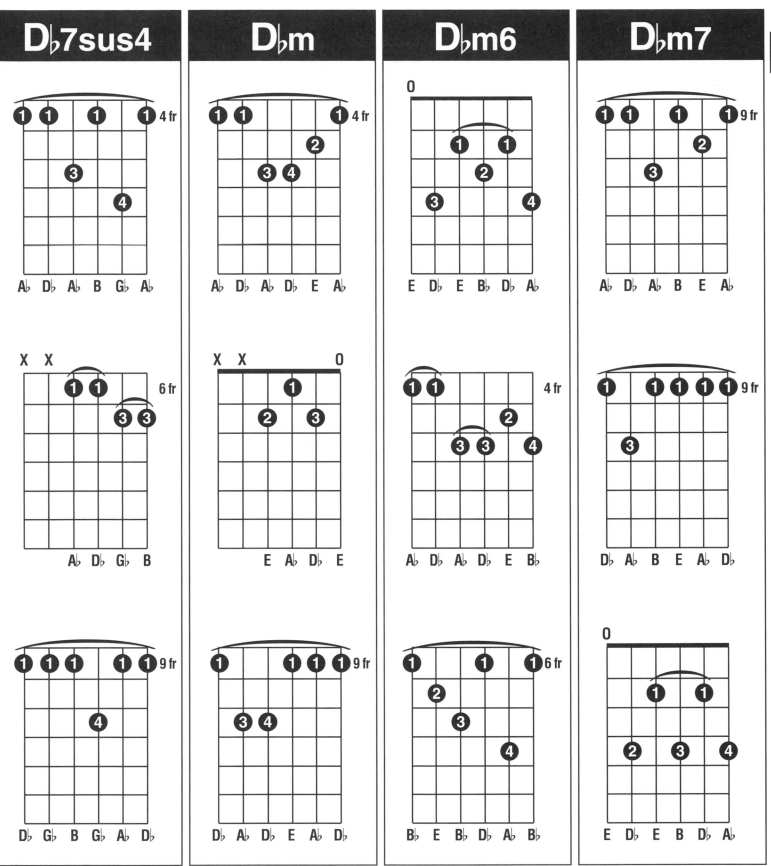

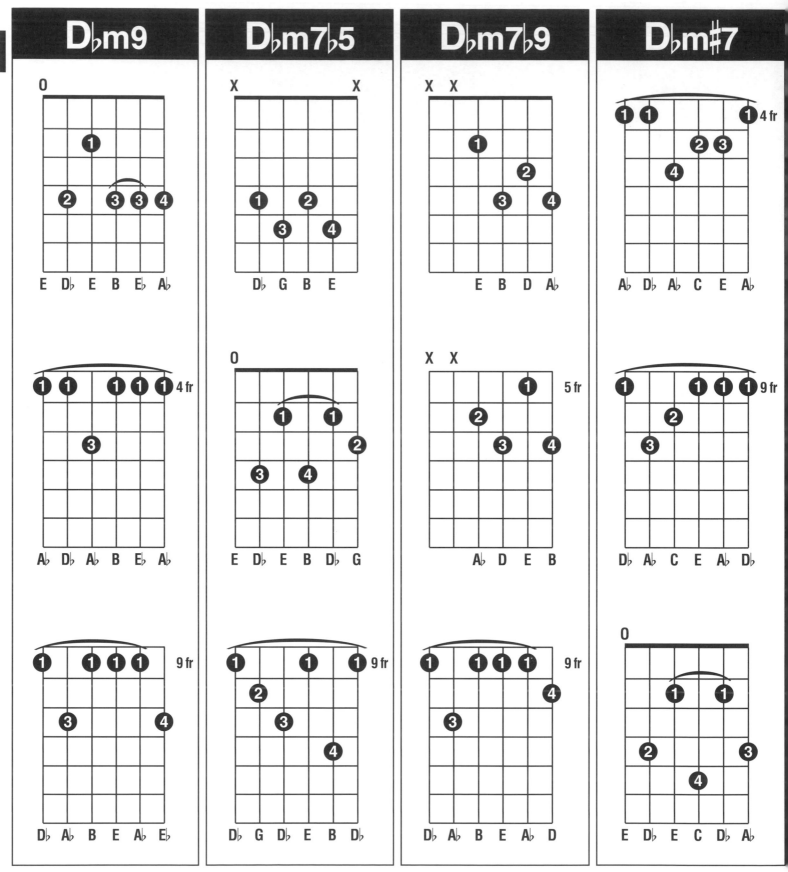

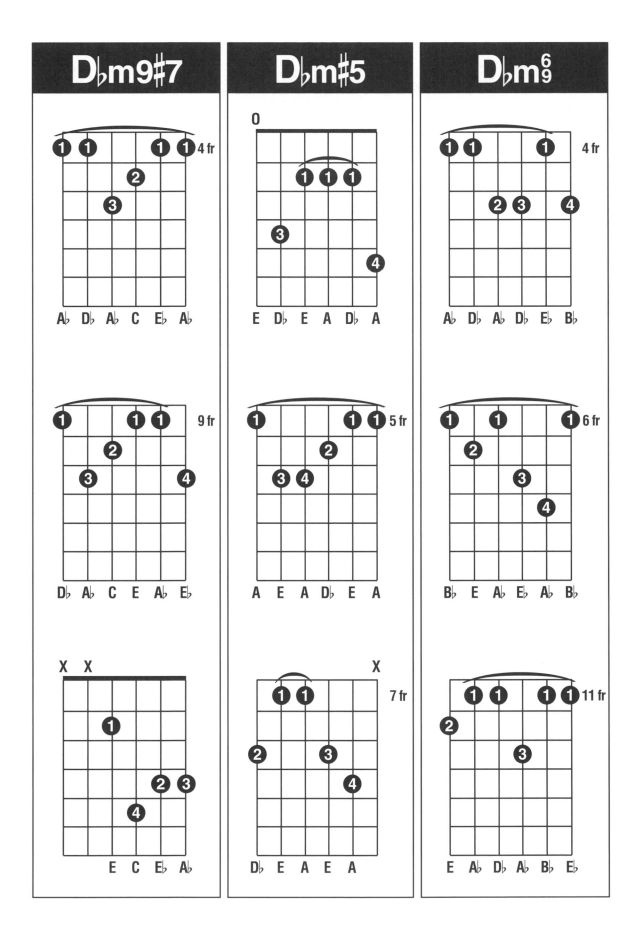

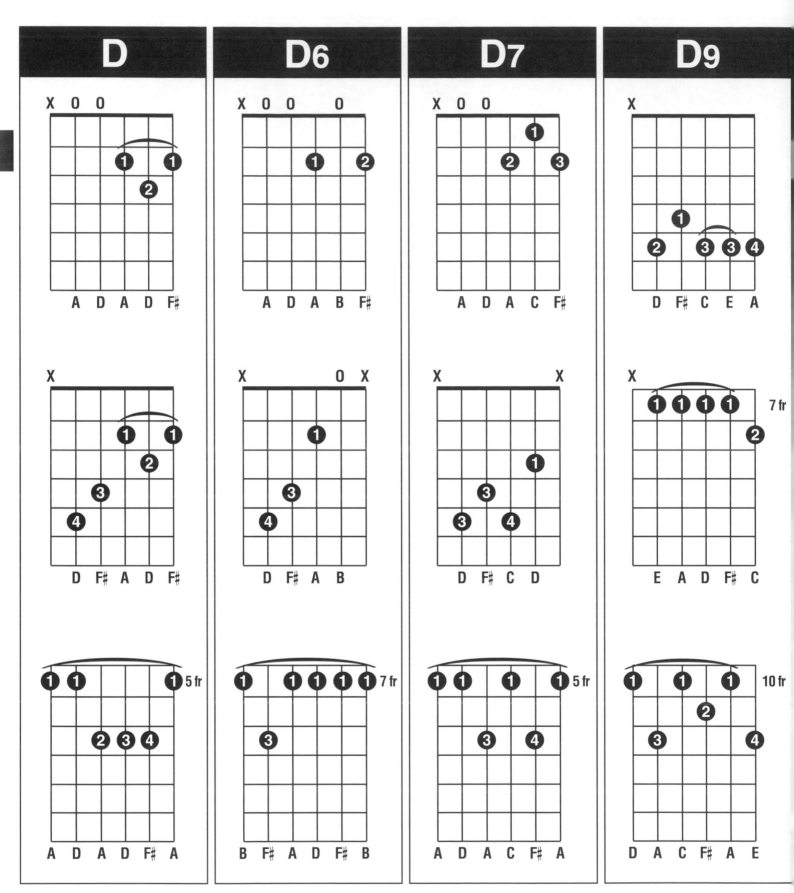

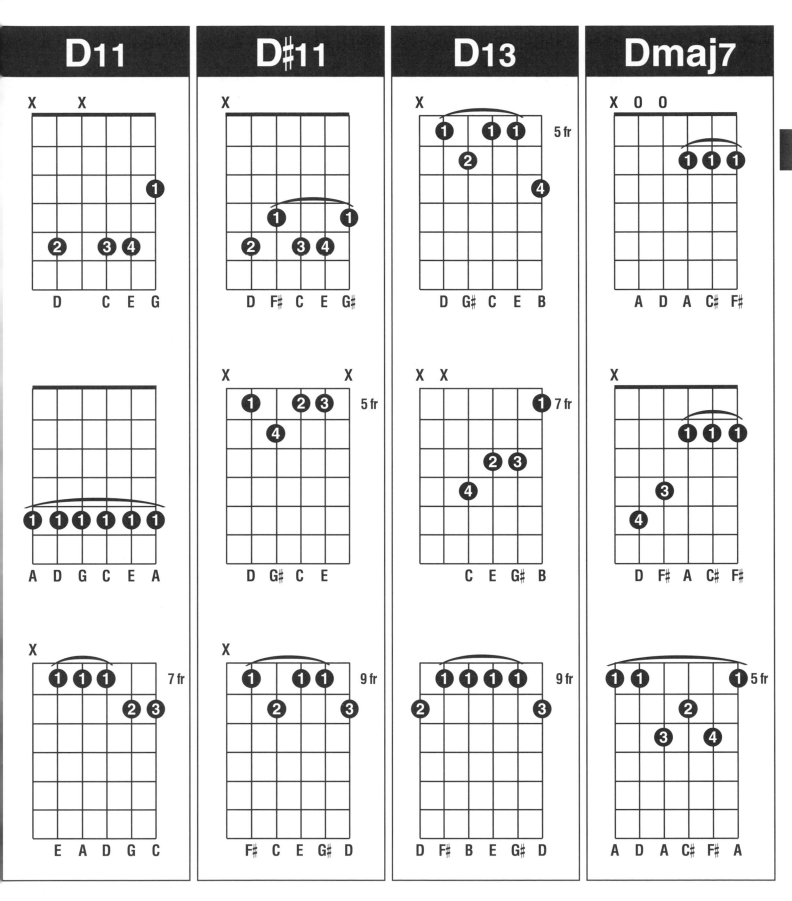

D11 · D#11 · D13 · Dmaj7

D

23

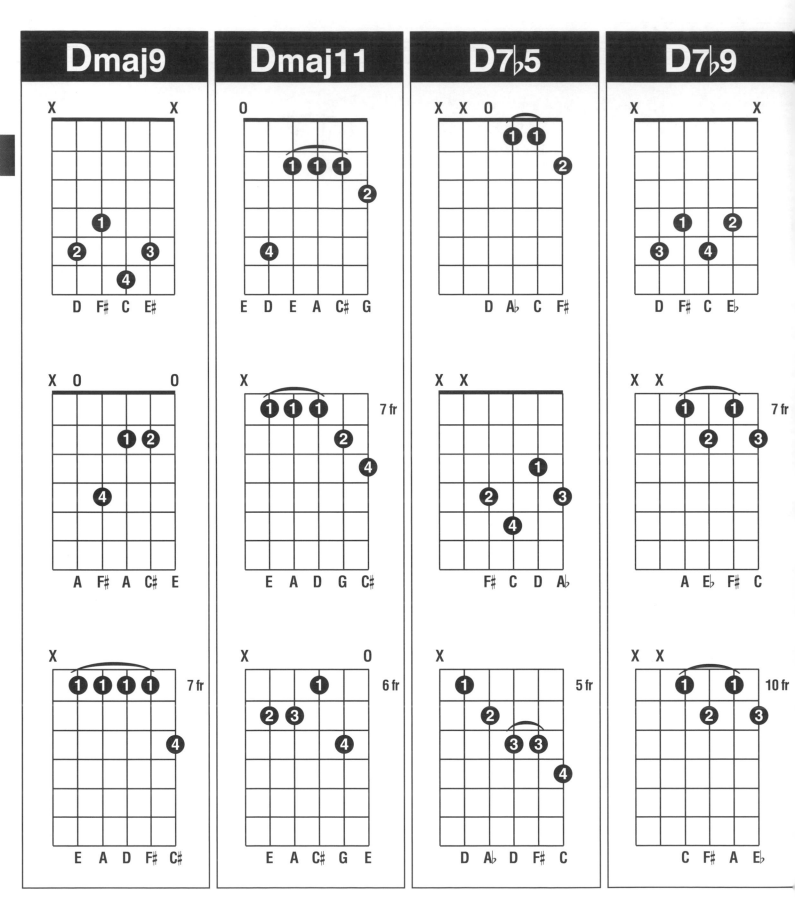

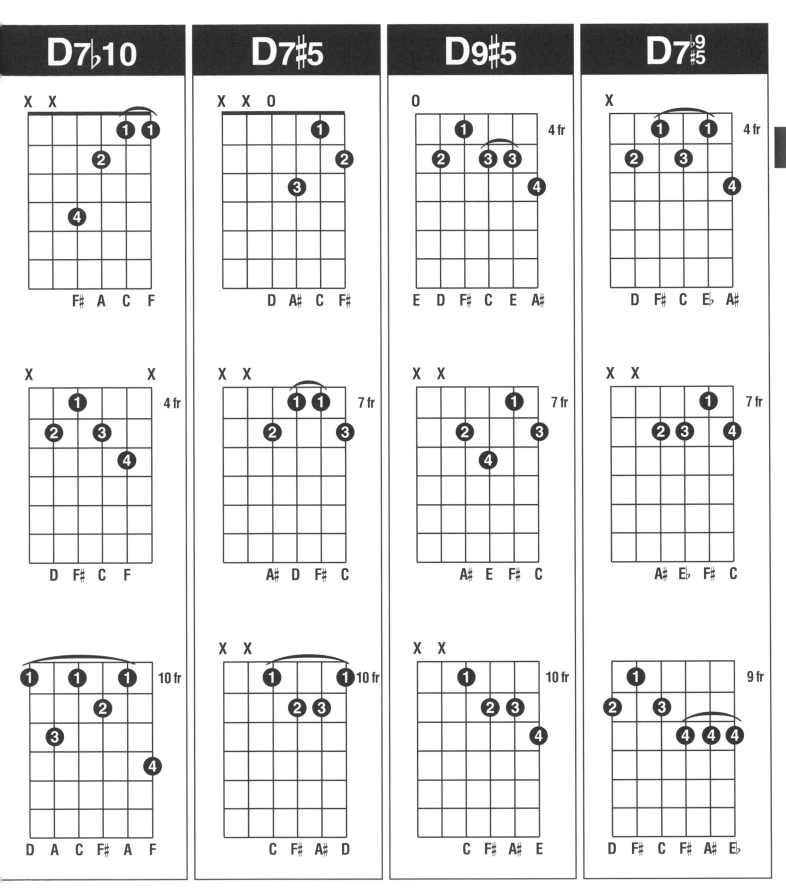

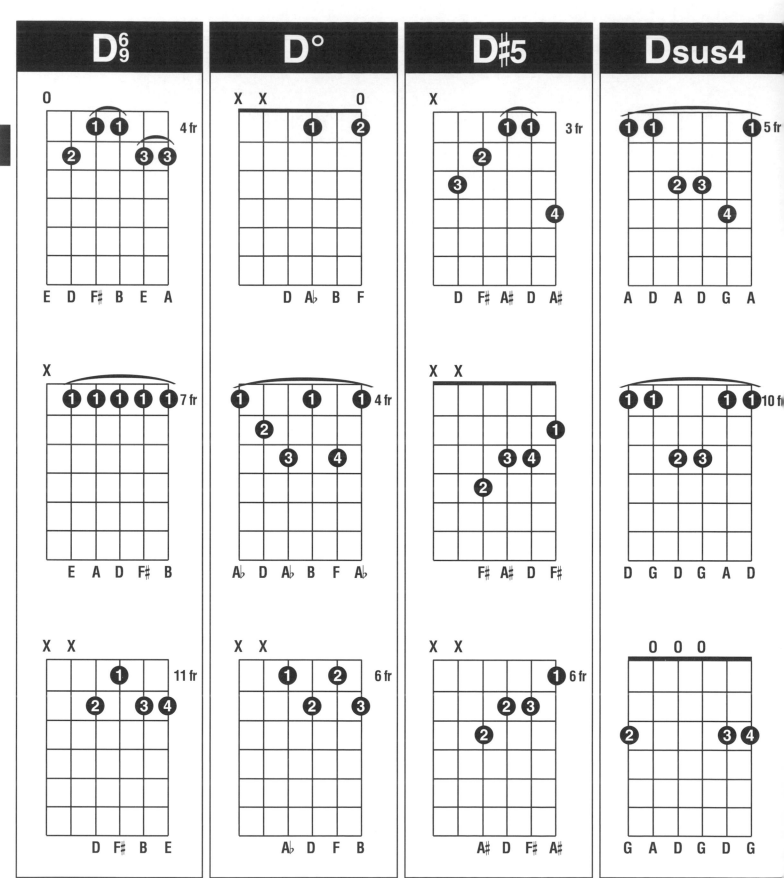

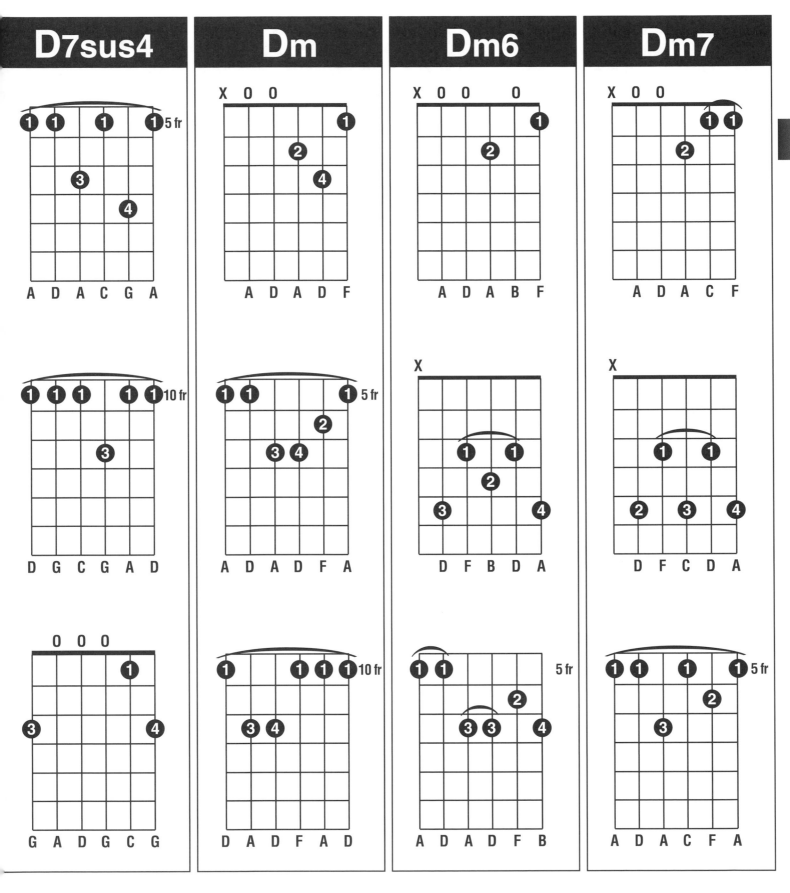

D7sus4

A D A C G A

D G C G A D

G A D G C G

Dm

X 0 0

A D A D F

A D A D F A

D A D F A D

Dm6

X 0 0 0

A D A B F

X

D F B D A

A D A D F B

Dm7

X 0 0

A D A C F

X

D F C D A

A D A C F A

D

27

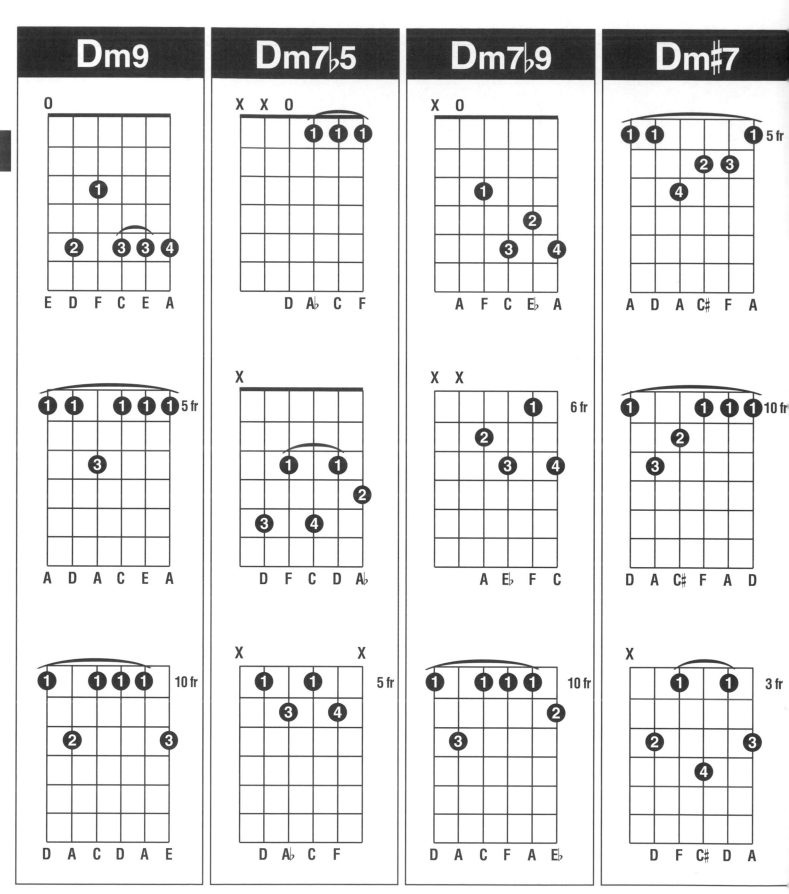

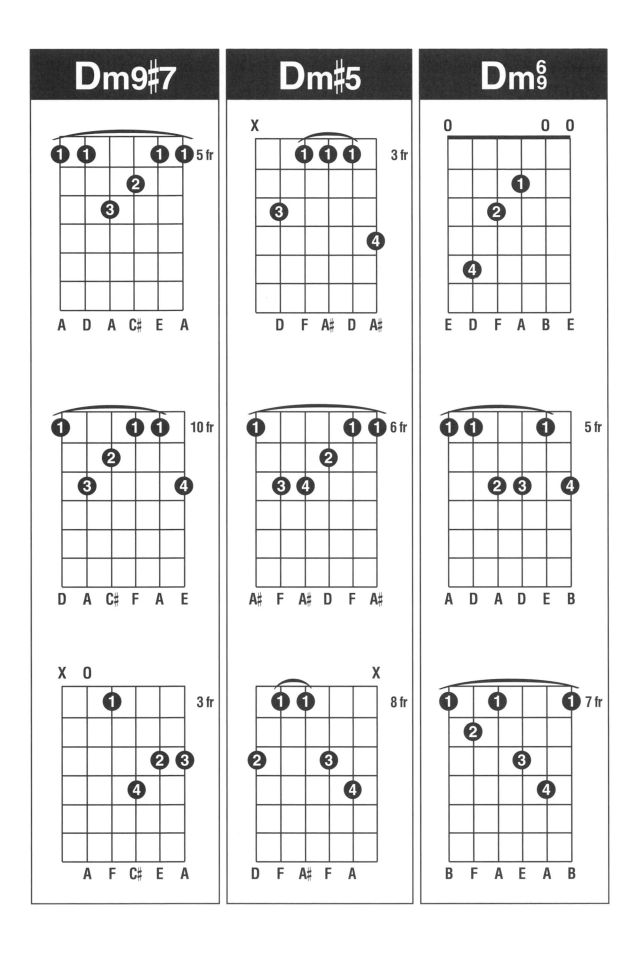

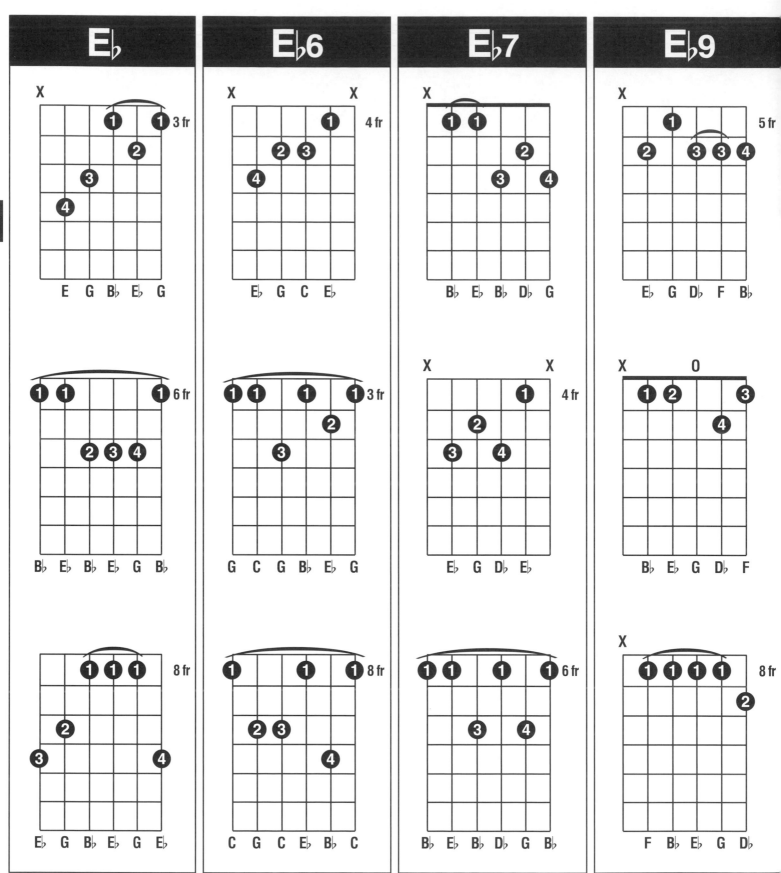

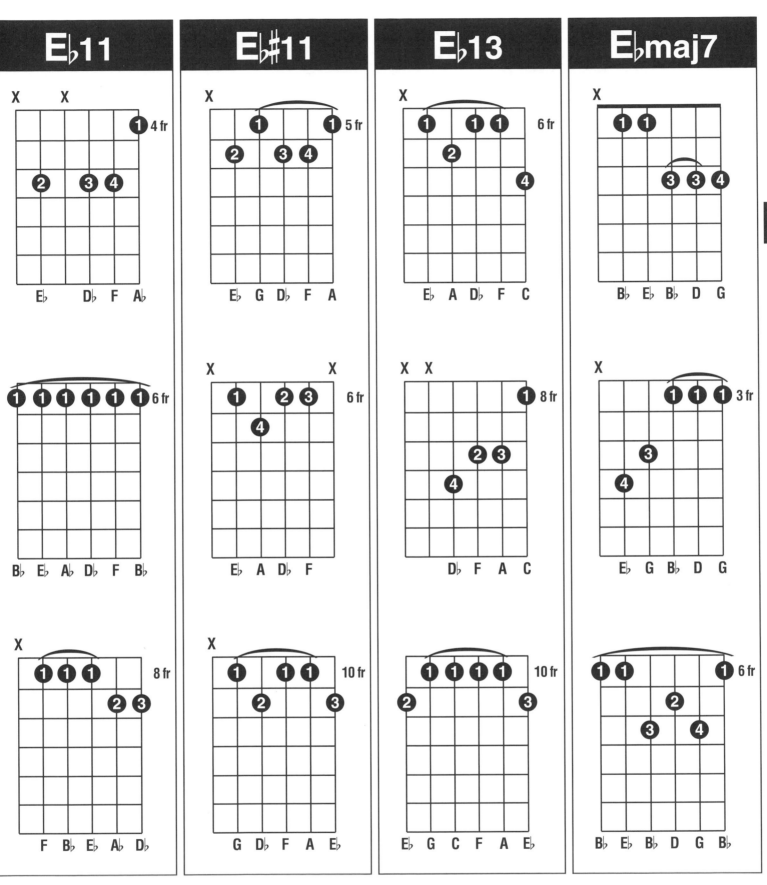

31

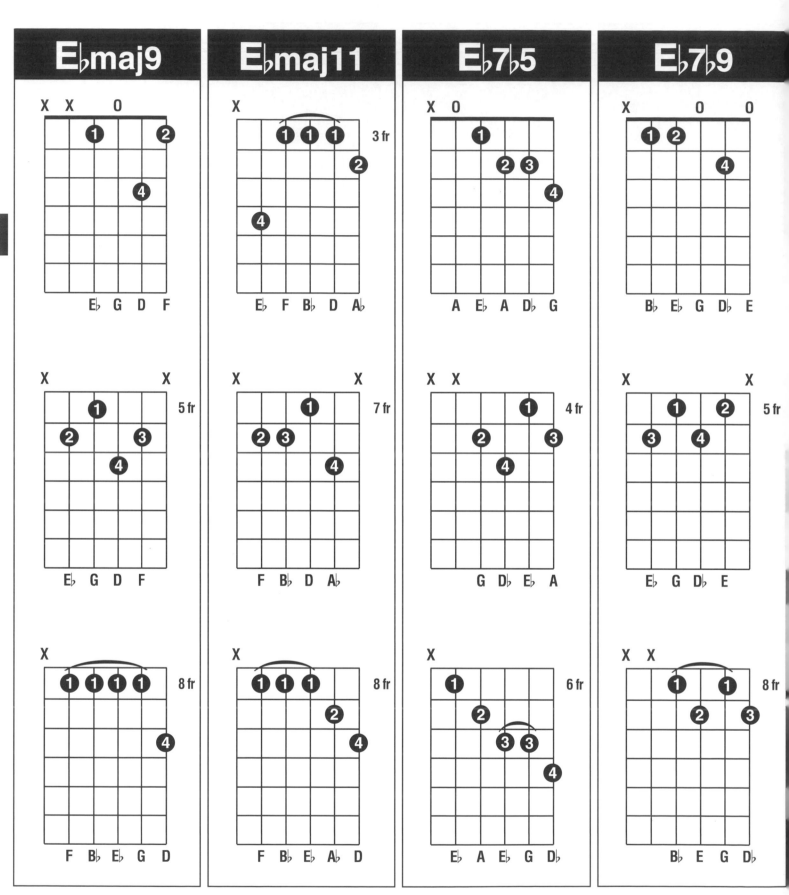

E♭maj9 E♭maj11 E♭7♭5 E♭7♭9

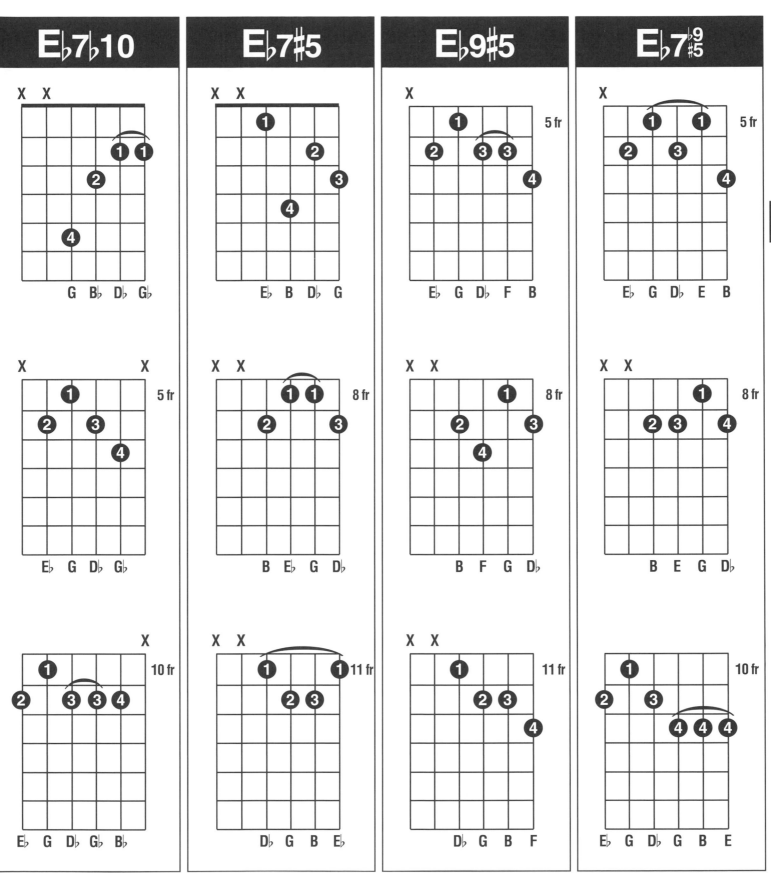

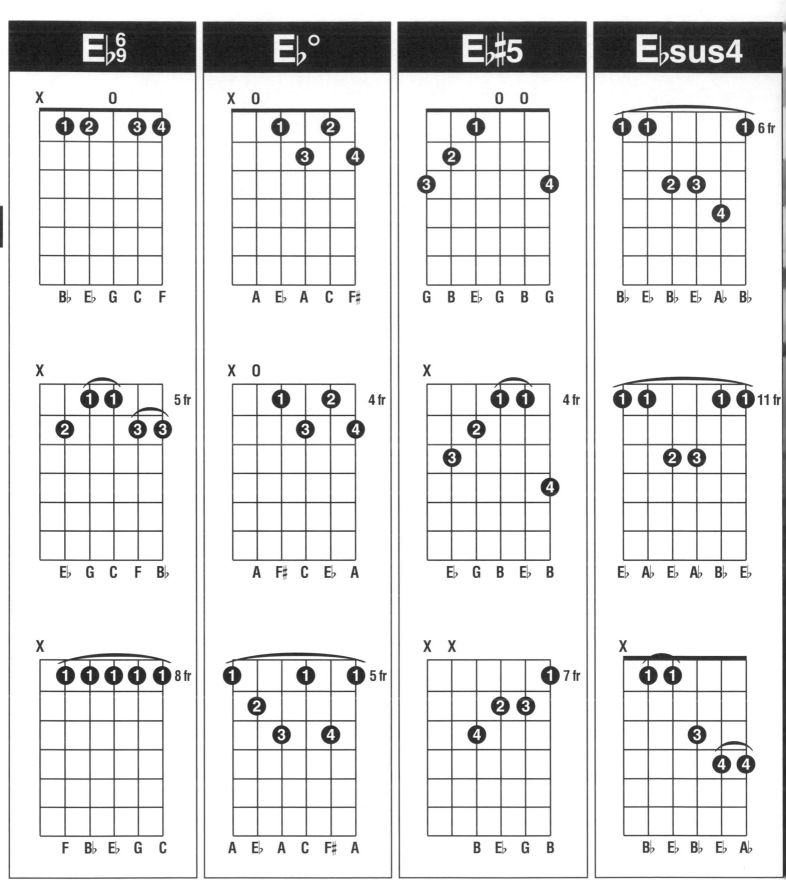

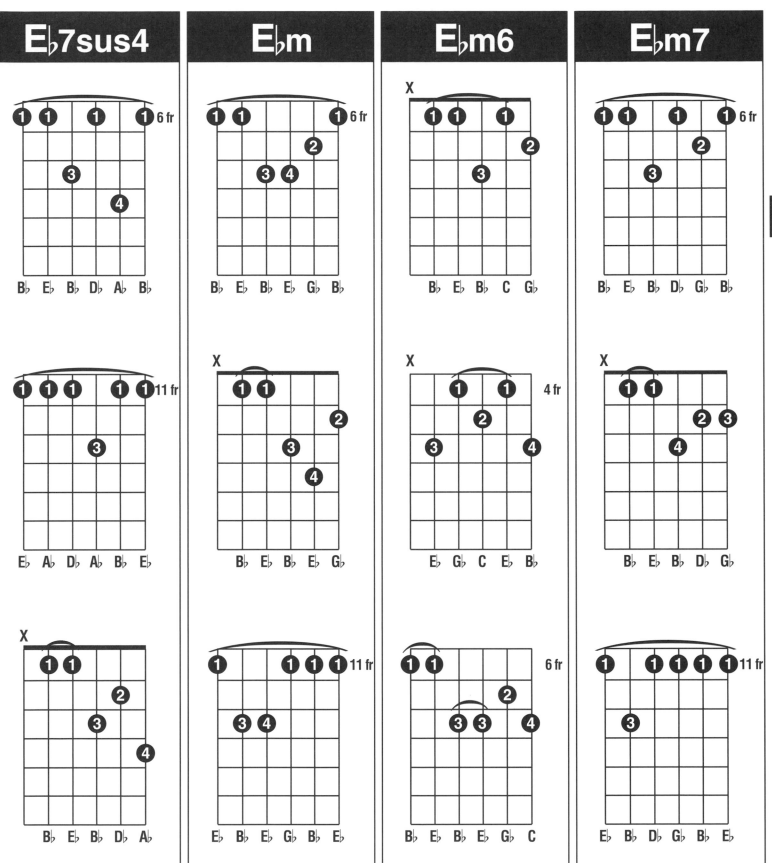

35

Ebm9 | Eb7b5 | Eb7b9 | Ebm#7

Ebm9

X — 4 fr
1
2 3 3 4
Eb Gb Db F Bb

X —
1 1 1
2
3
Bb Eb Bb Db F

1 1 1 1 1 6 fr
3
Bb Eb Bb Db F Bb

Eb7b5

X 0
1
2 3 4
A Eb A Db Gb

X — 4 fr
1 1
2
3 4
Eb Gb Db Eb A

X X — 6 fr
1 2
3 4
Eb A Db Gb

Eb7b9

X X — 4 fr
1
2
3 4
Gb Db E Bb

X X — 7 fr
1
2
3 4
Bb E Gb Db

X — 9 fr
1
2 3 3 3
4
Eb Gb Db Gb Bb E

Ebm#7

X — 4 fr
1 1
2 4
3
Eb Gb D Eb Bb

— 6 fr
1 1 1
2 3
4
Bb Eb Bb D Gb Bb

— 11 fr
1 1 1 1
2
3
Eb Bb D Gb Bb Eb

36

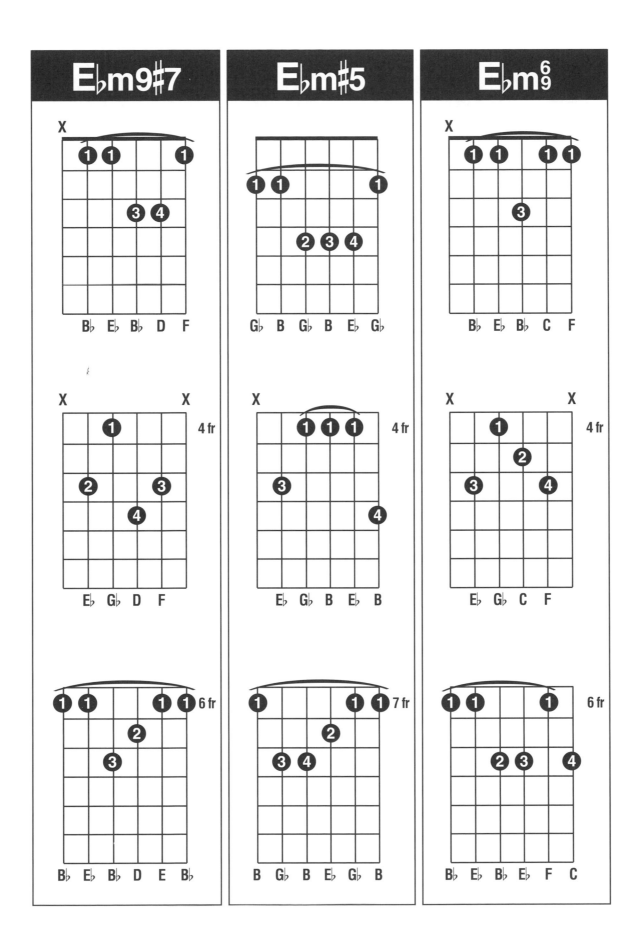

37

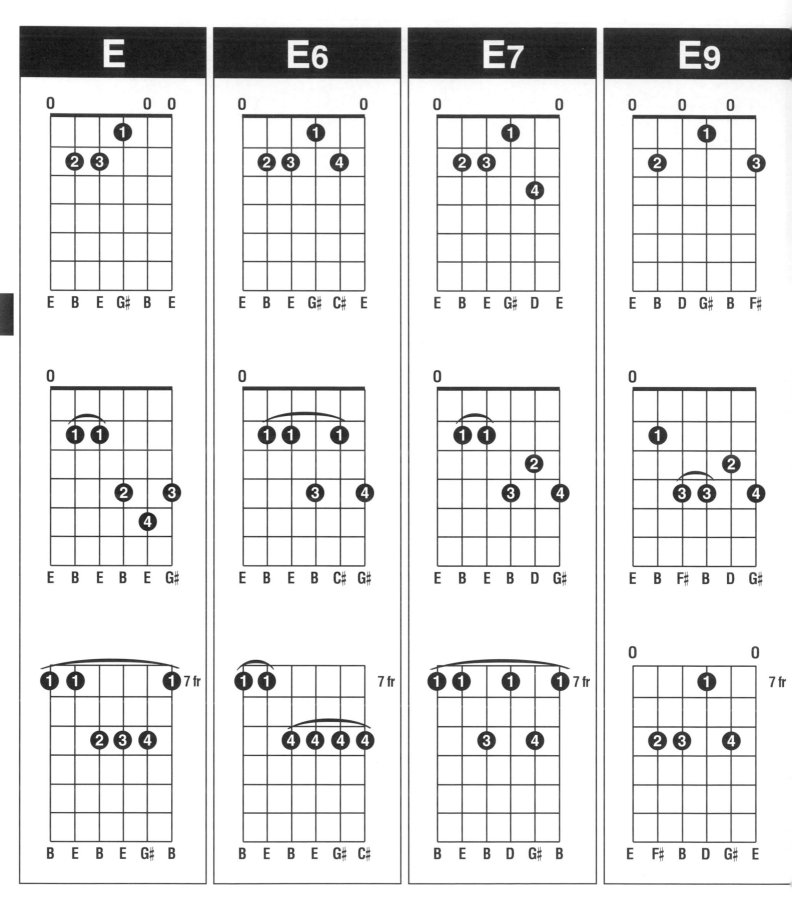

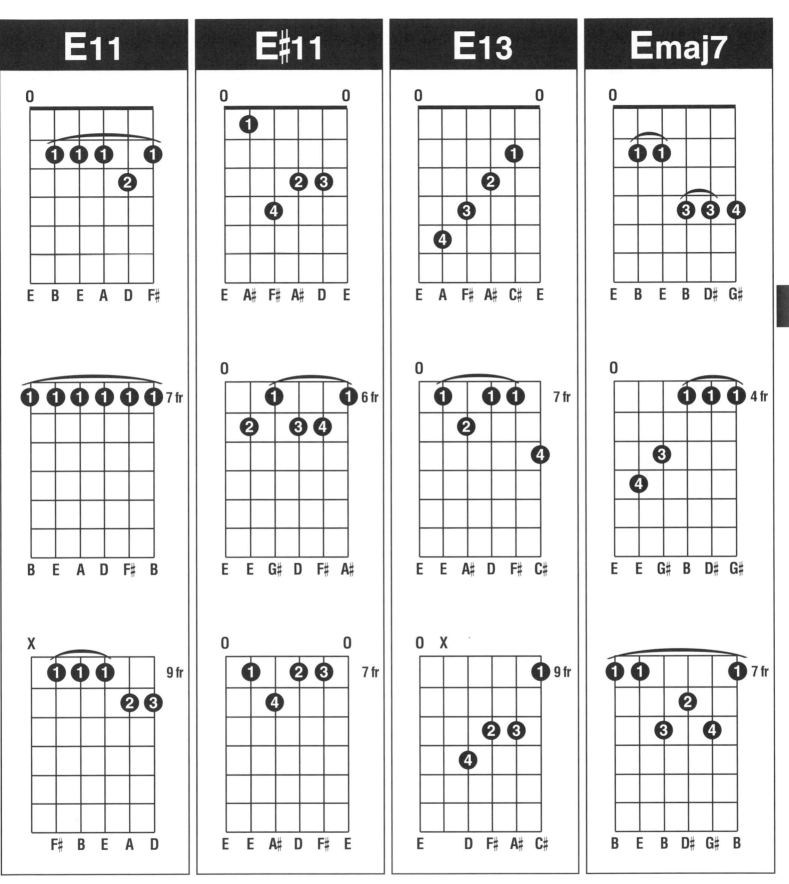

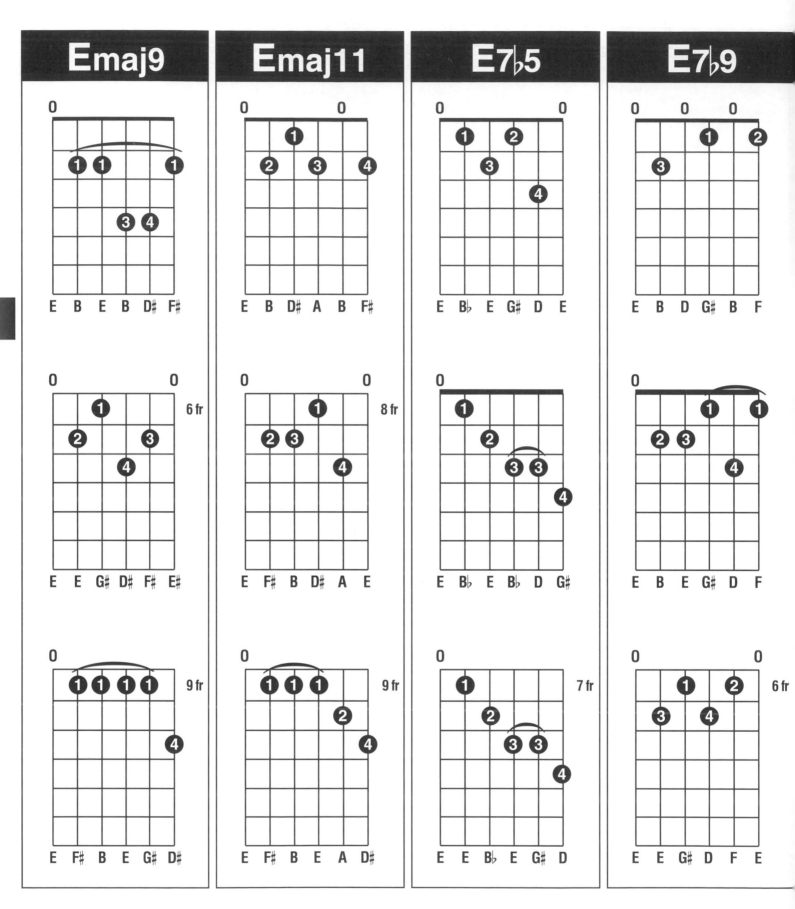

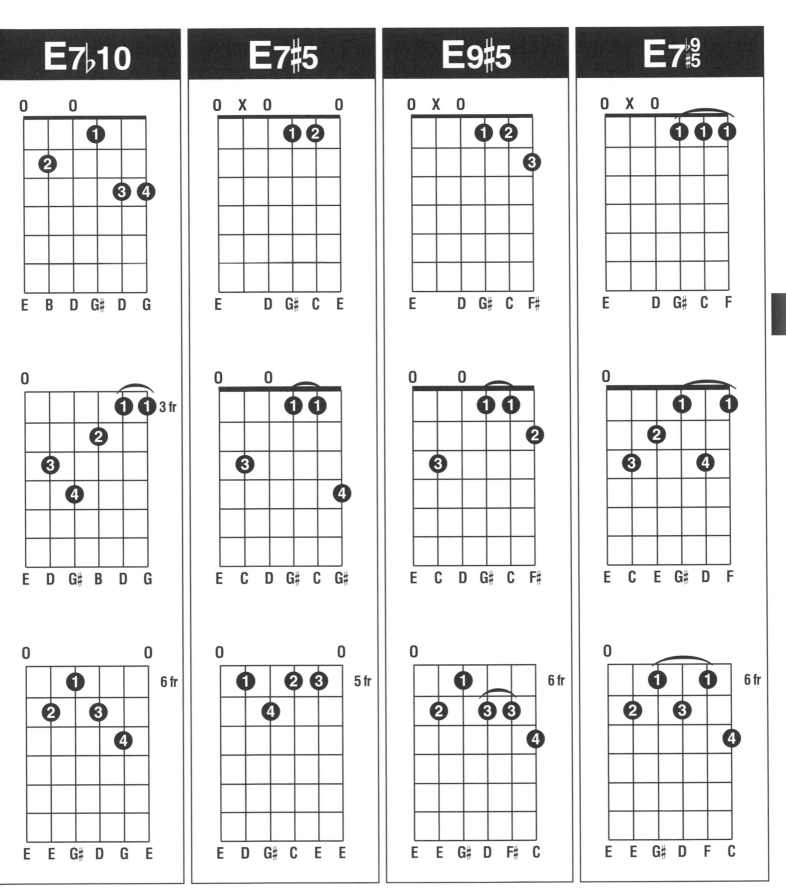

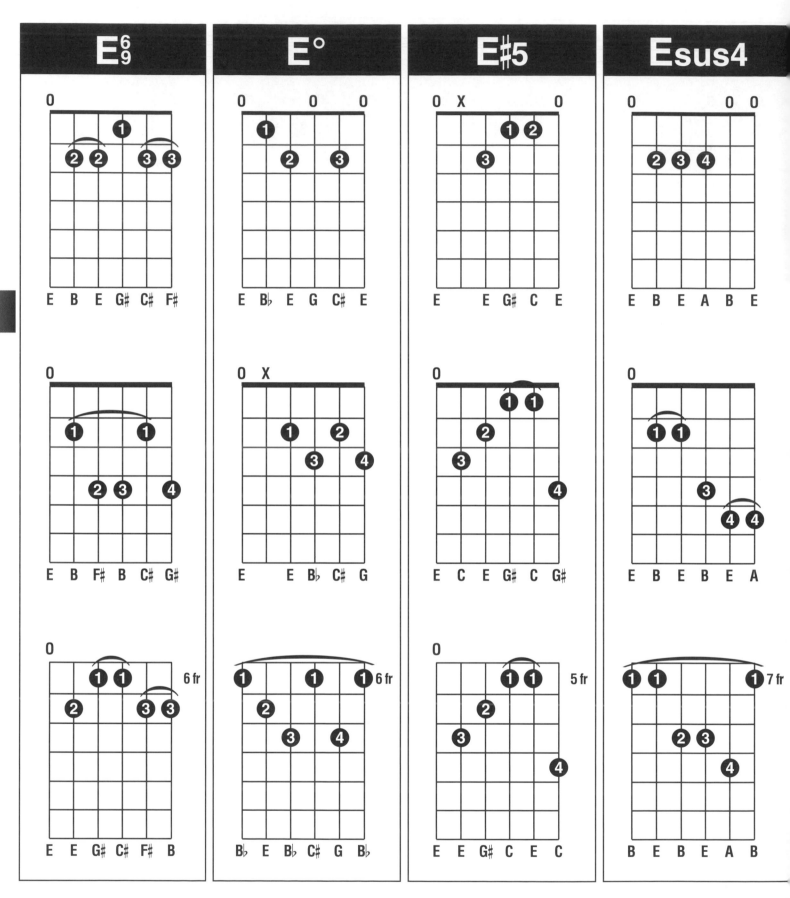

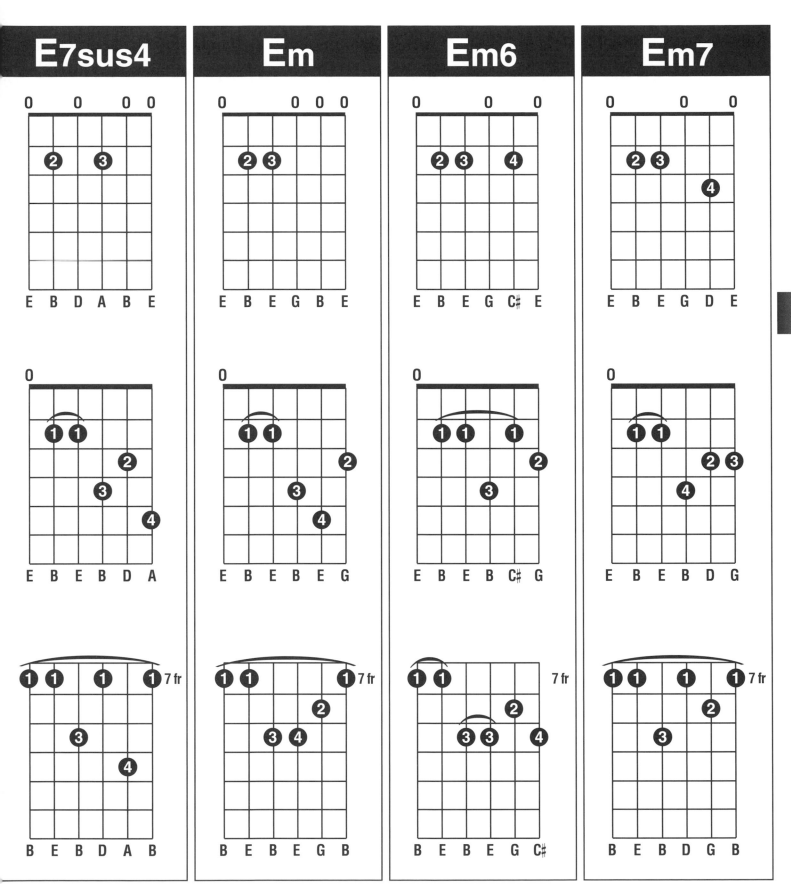

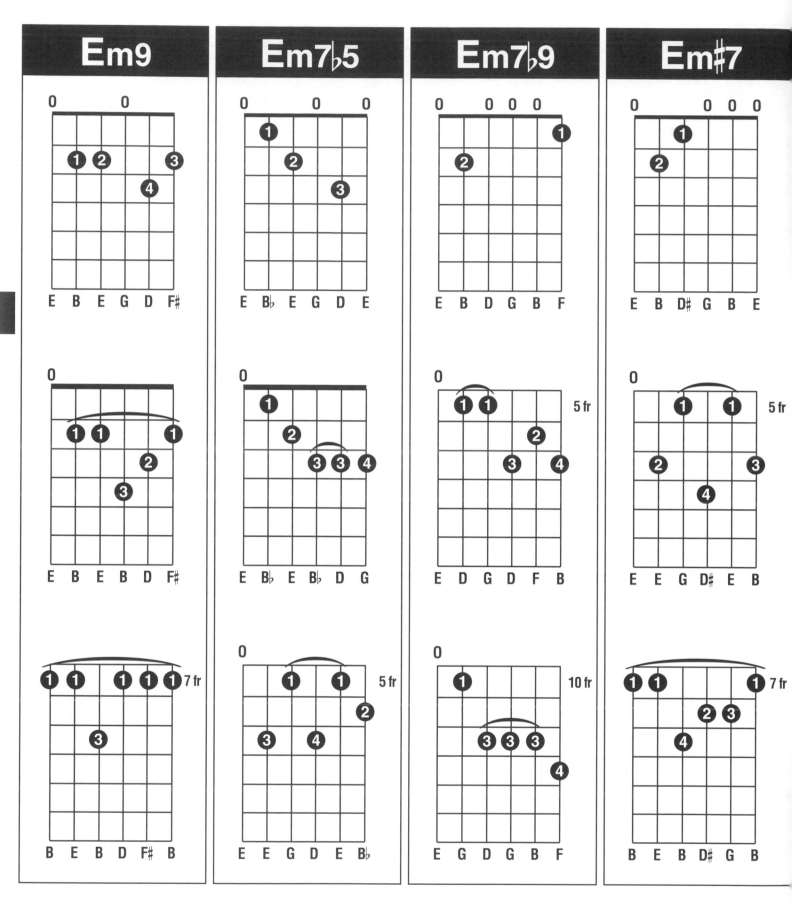

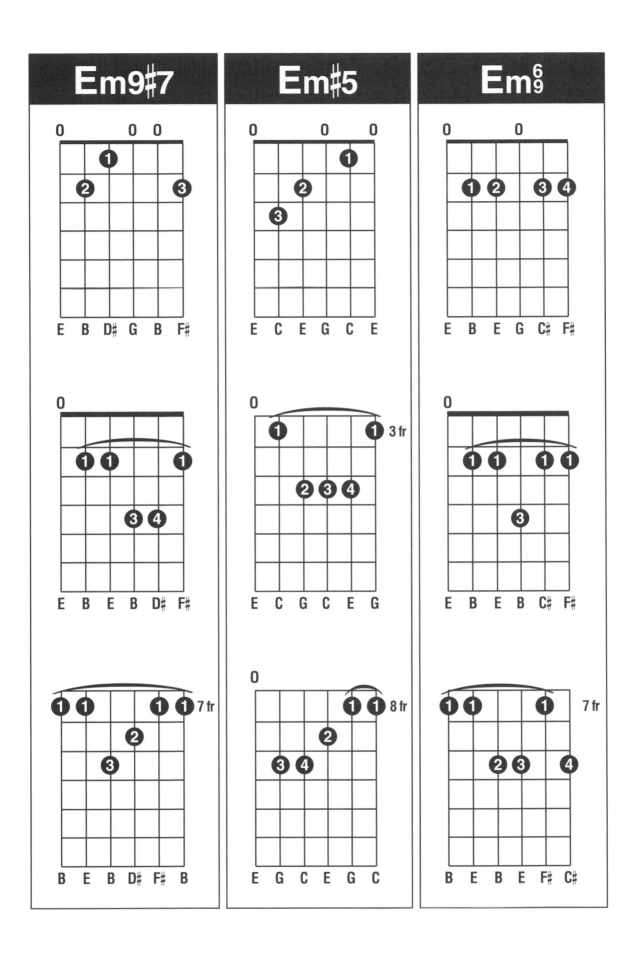

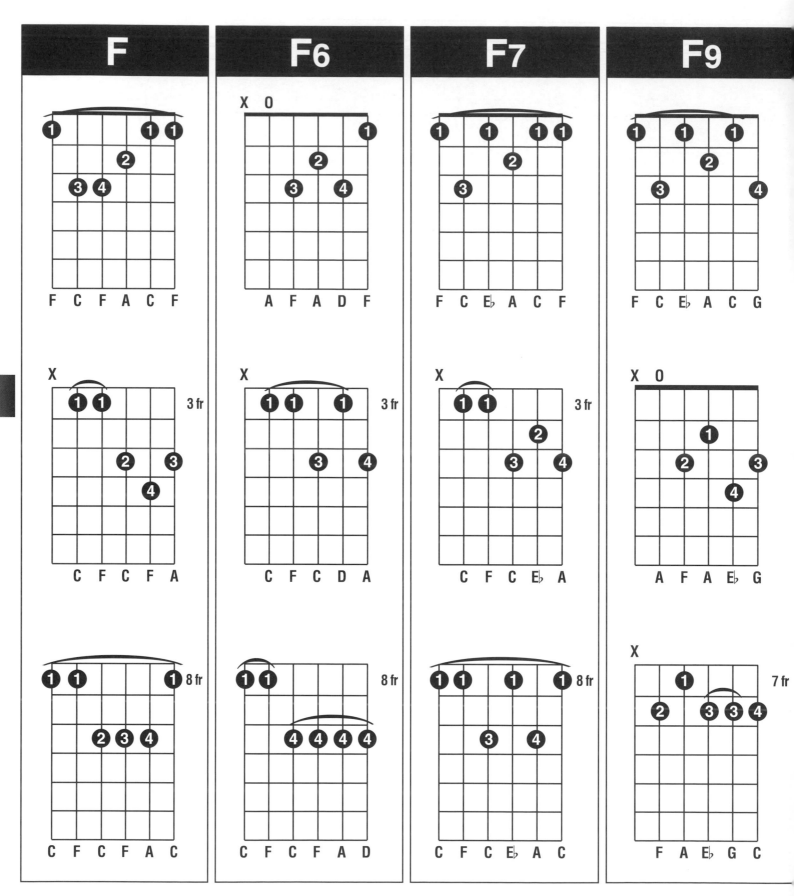

F11   F#11   F13   Fmaj7

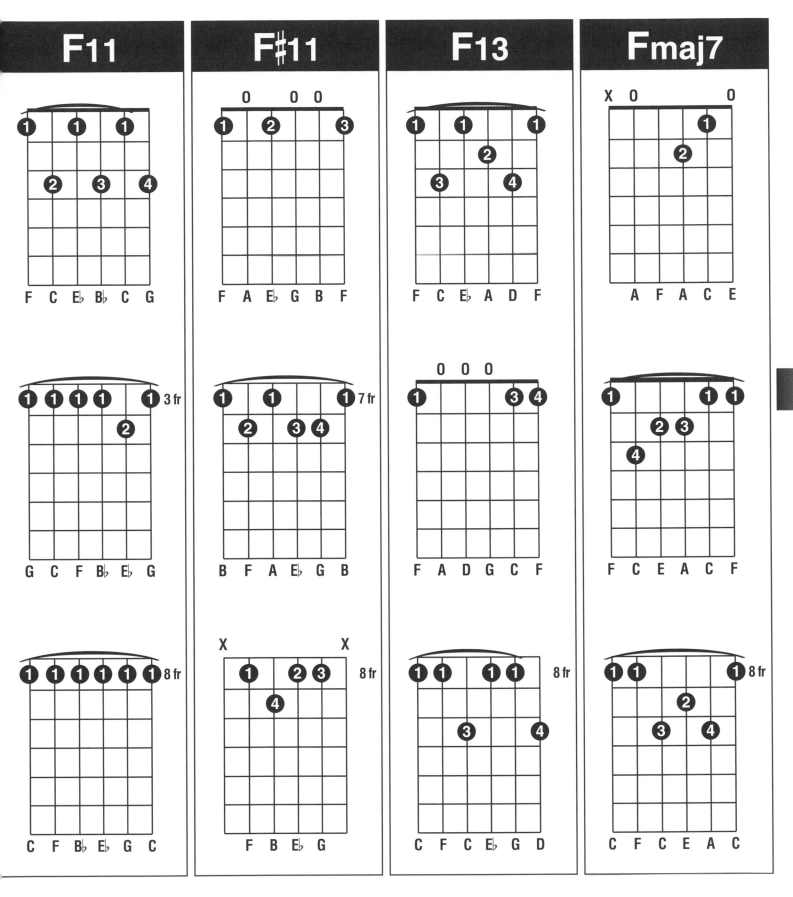

F C E♭ B♭ C G

F A E♭ G B F

F C E♭ A D F

A F A C E

G C F B♭ E♭ G 3 fr

B F A E♭ G B 7 fr

F A D G C F

F C E A C F

C F B♭ E♭ G C 8 fr

F B E♭ G 8 fr

C F C E♭ G D 8 fr

C F C E A C 8 fr

F

47

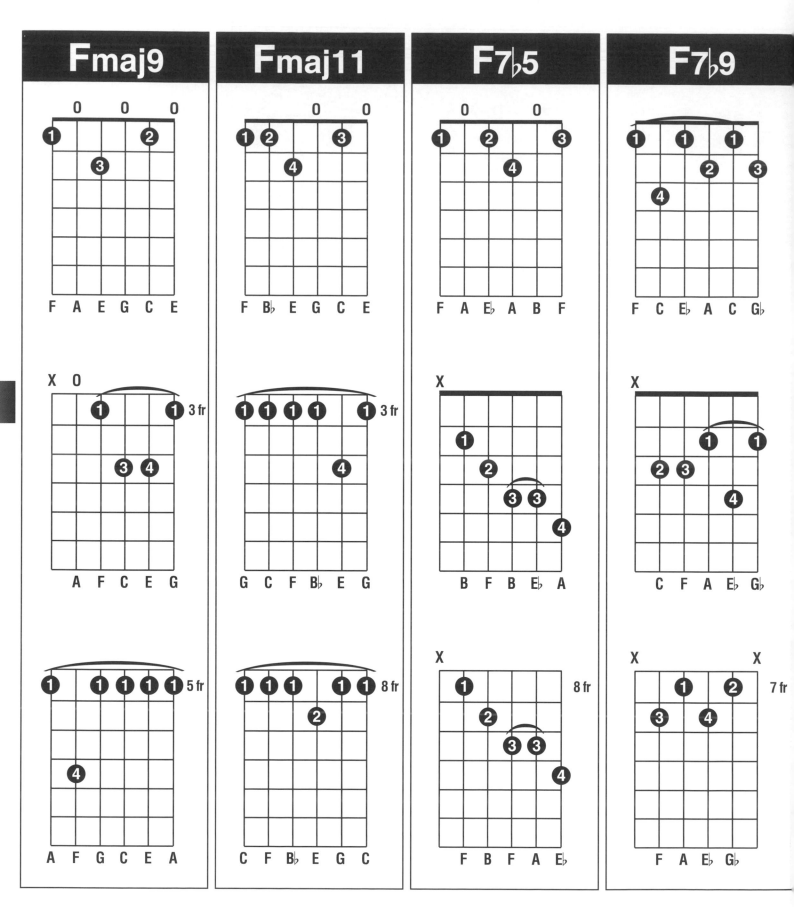

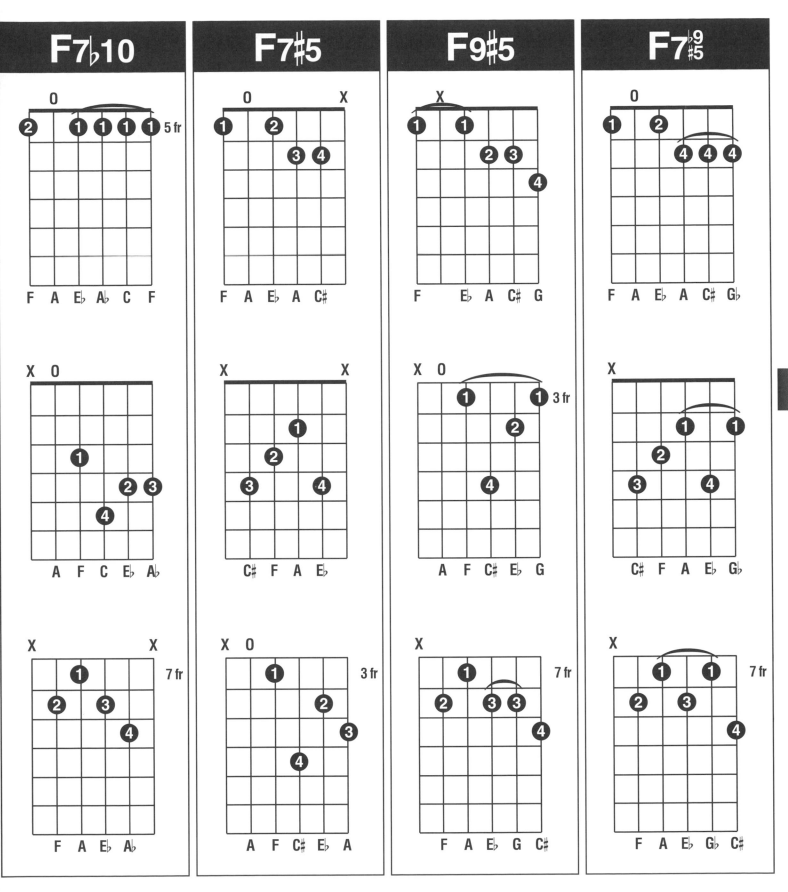

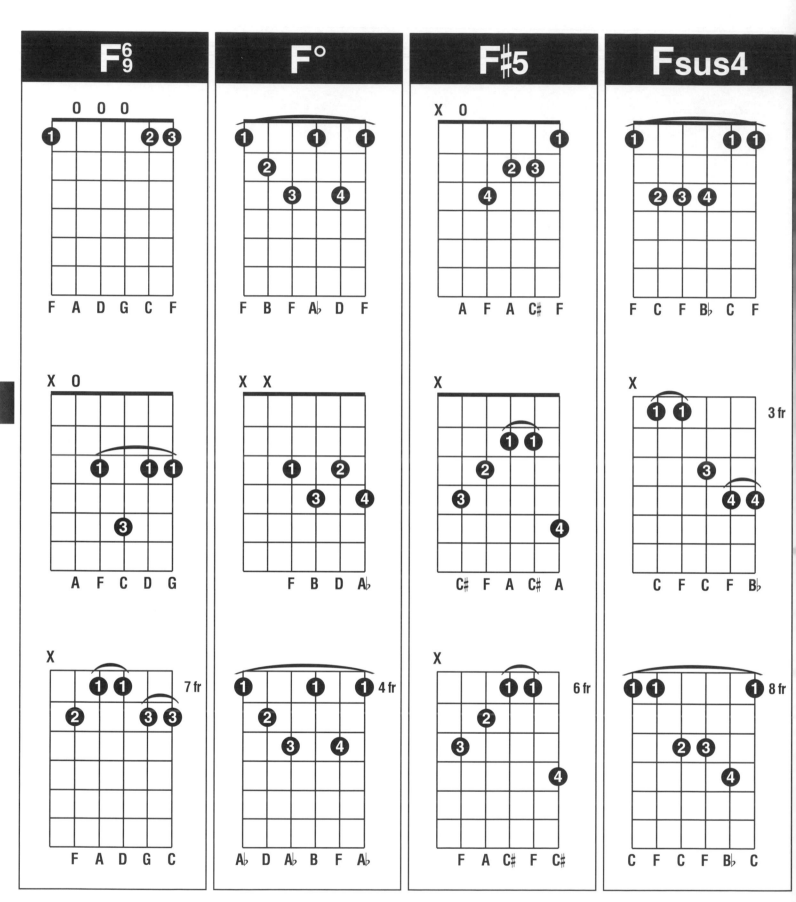

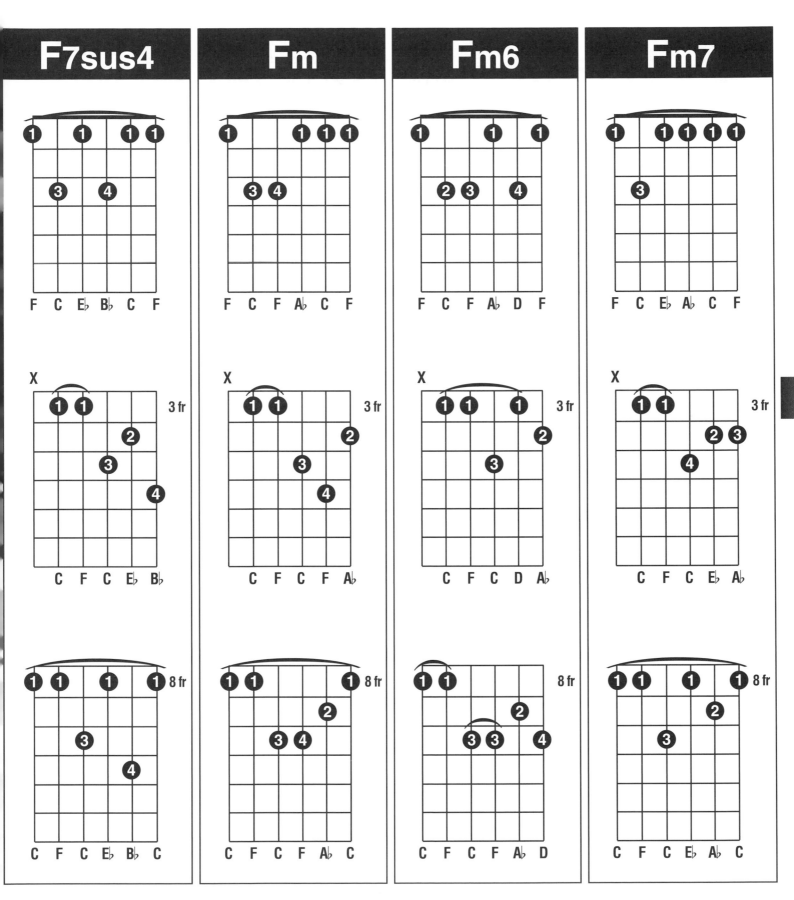

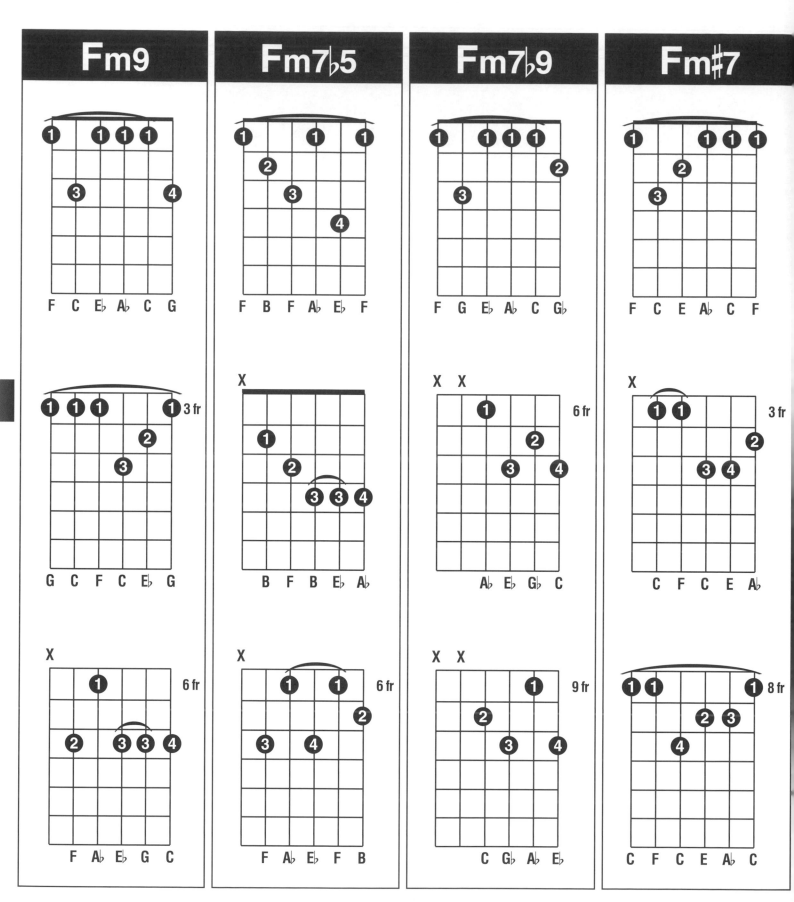

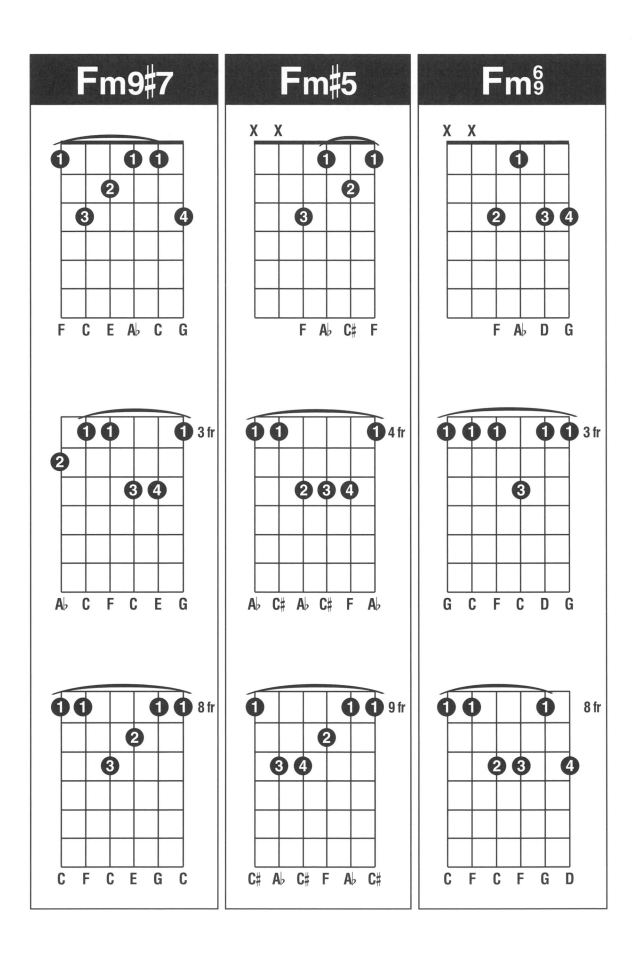

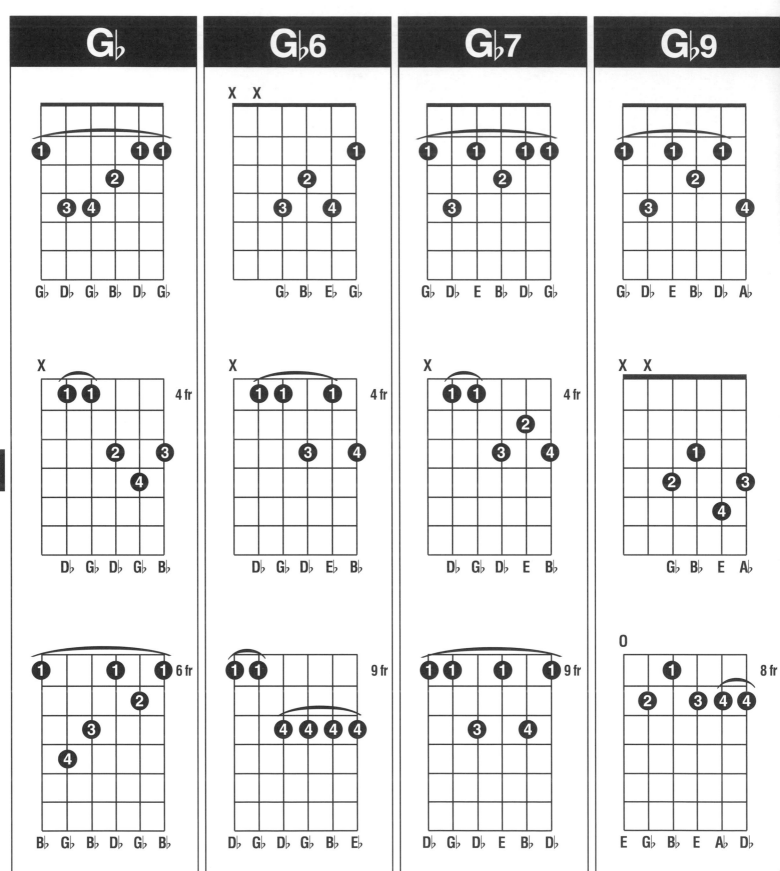

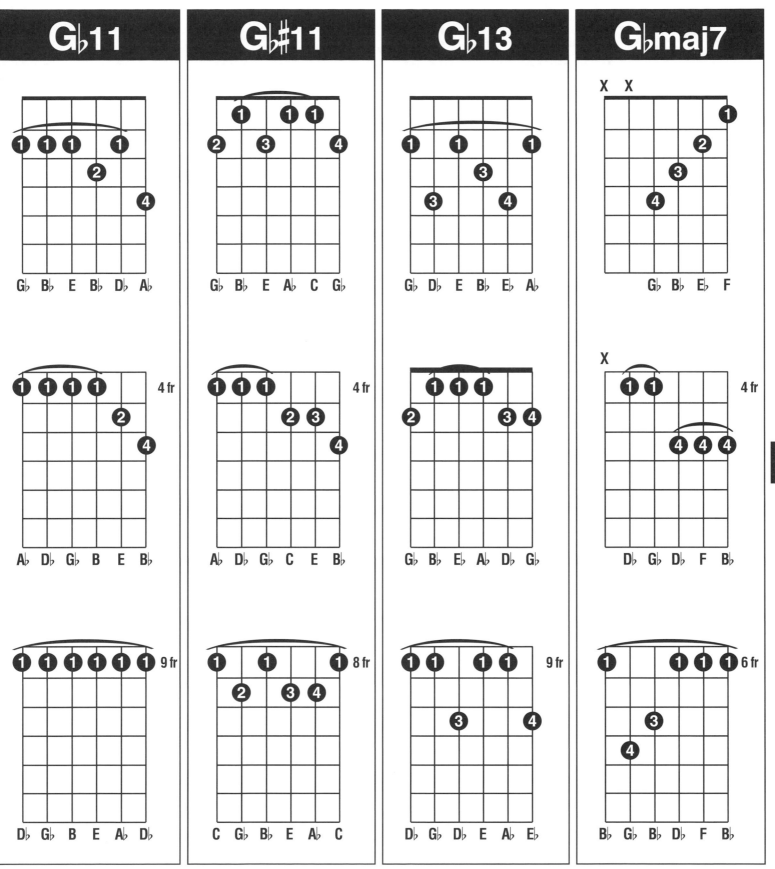

G♭11 G♭#11 G♭13 G♭maj7

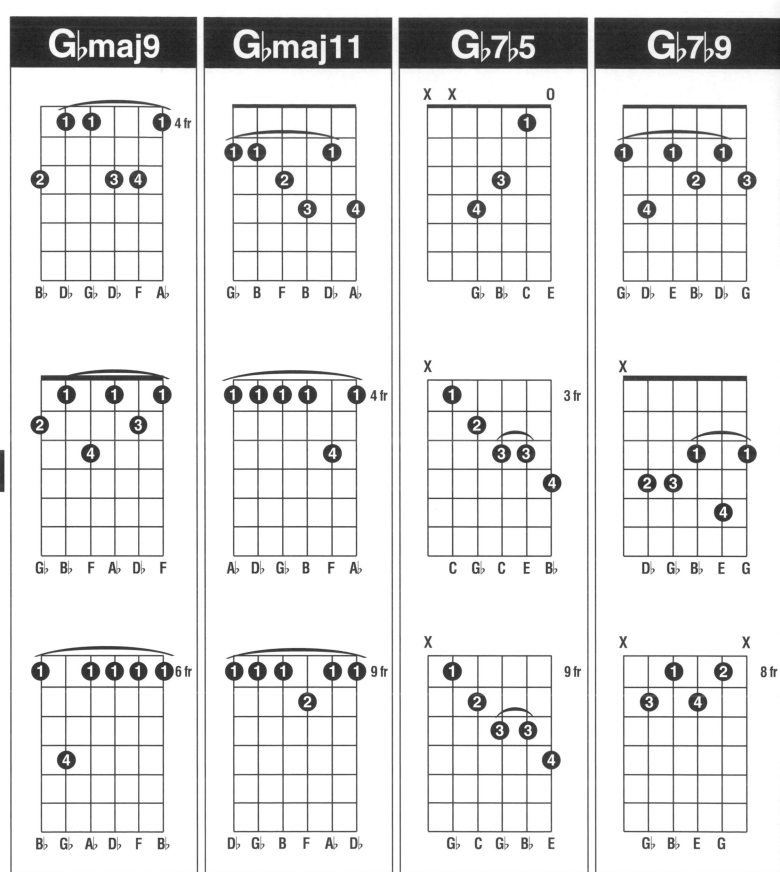

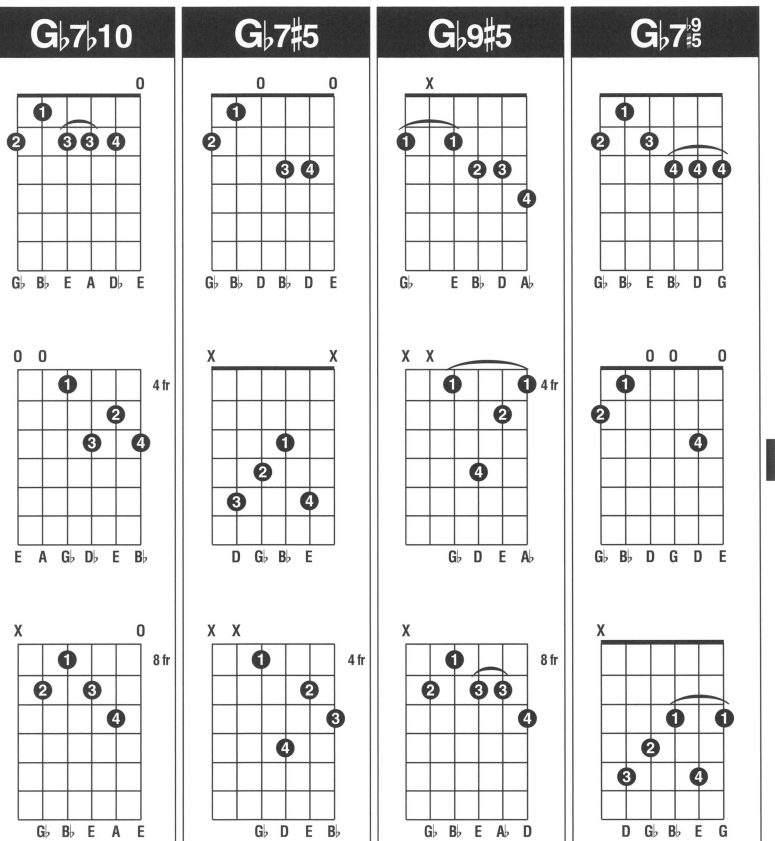

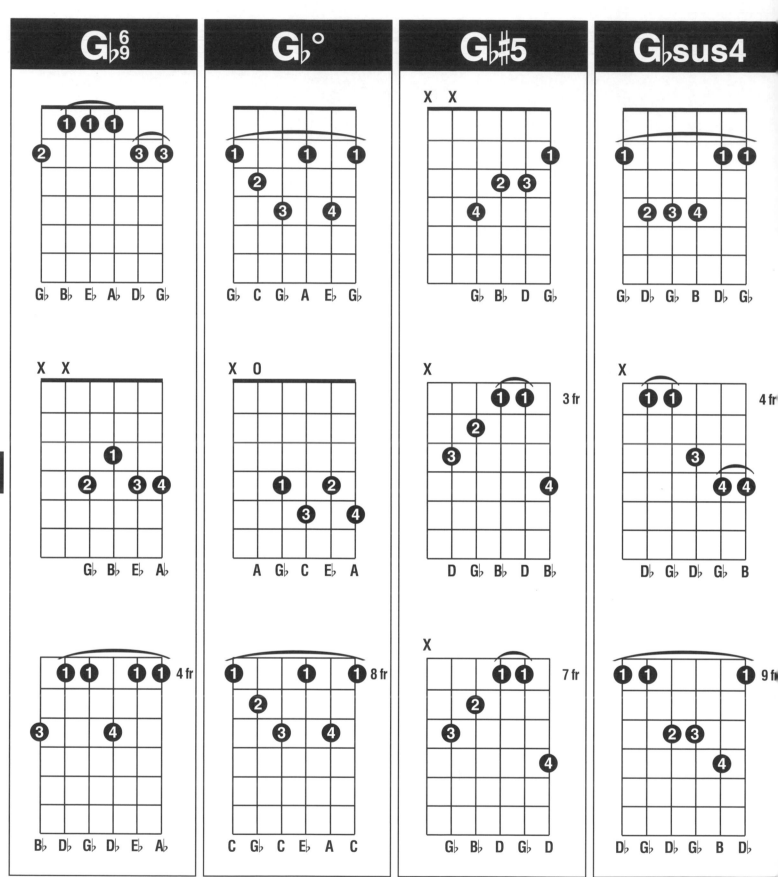

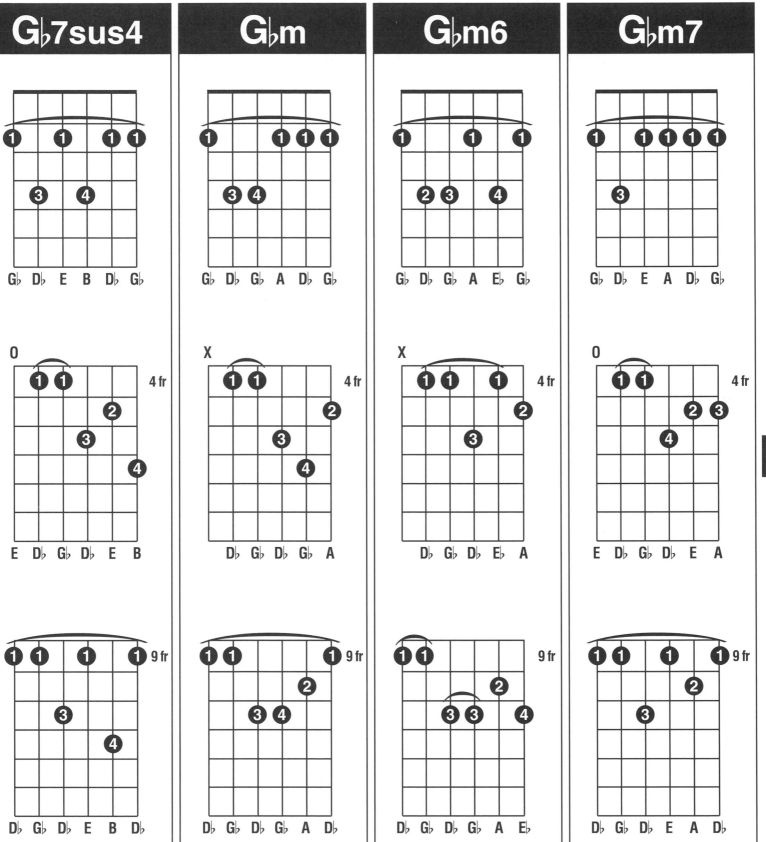

G♭m9   G♭m7♭5   G♭m7♭9   G♭m#7

G♭m9

G♭ D♭ E A D♭ A♭

4 fr
A♭ D♭ G♭ D♭ E A♭

9 fr
D♭ G♭ D♭ E A♭ D♭

G♭m7♭5

G♭ C G♭ A E G♭

0
E C G♭ C E A

0
7 fr
E G♭ A E G♭ C

G♭m7♭9

G♭ D♭ E A D♭ G

0 0
7 fr
E A A E G D♭

0 0
10 fr
E A D♭ G A E

G♭m#7

G♭ D♭ F A D♭ G♭

X
4 fr
D♭ G♭ D♭ F A

9 fr
D♭ G♭ D♭ F A D♭

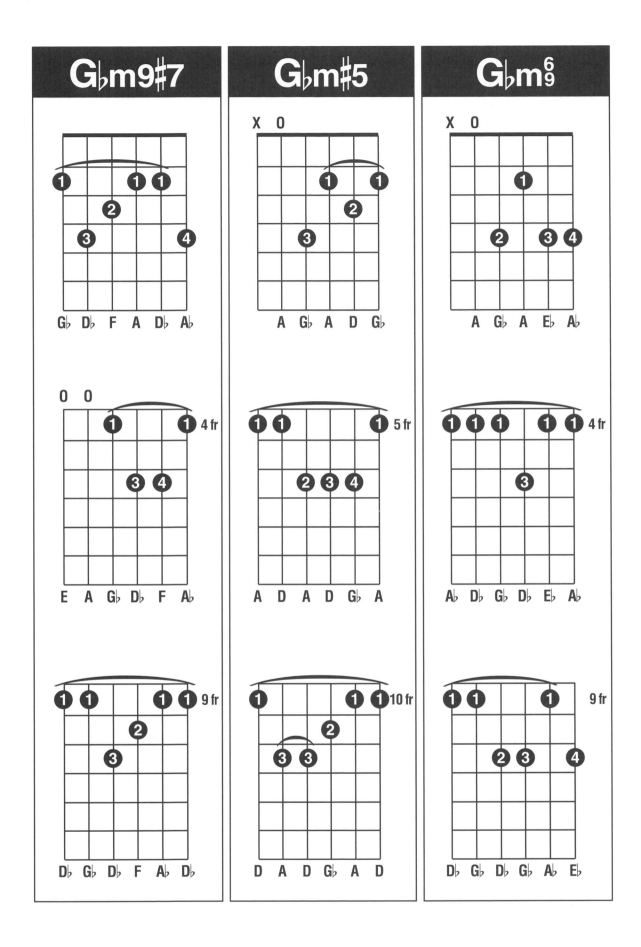

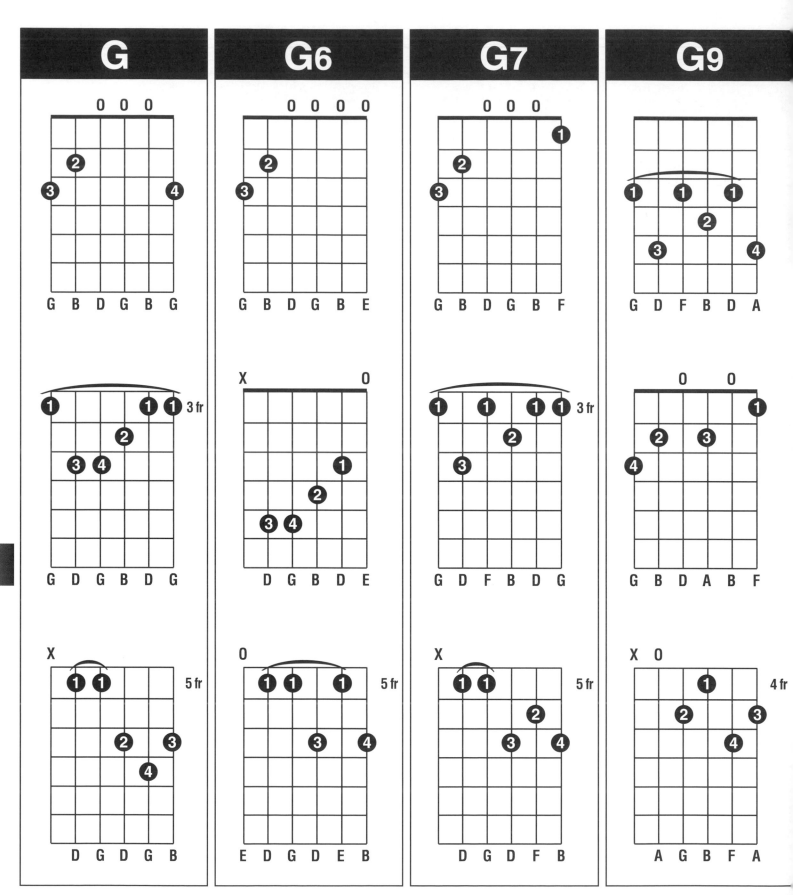

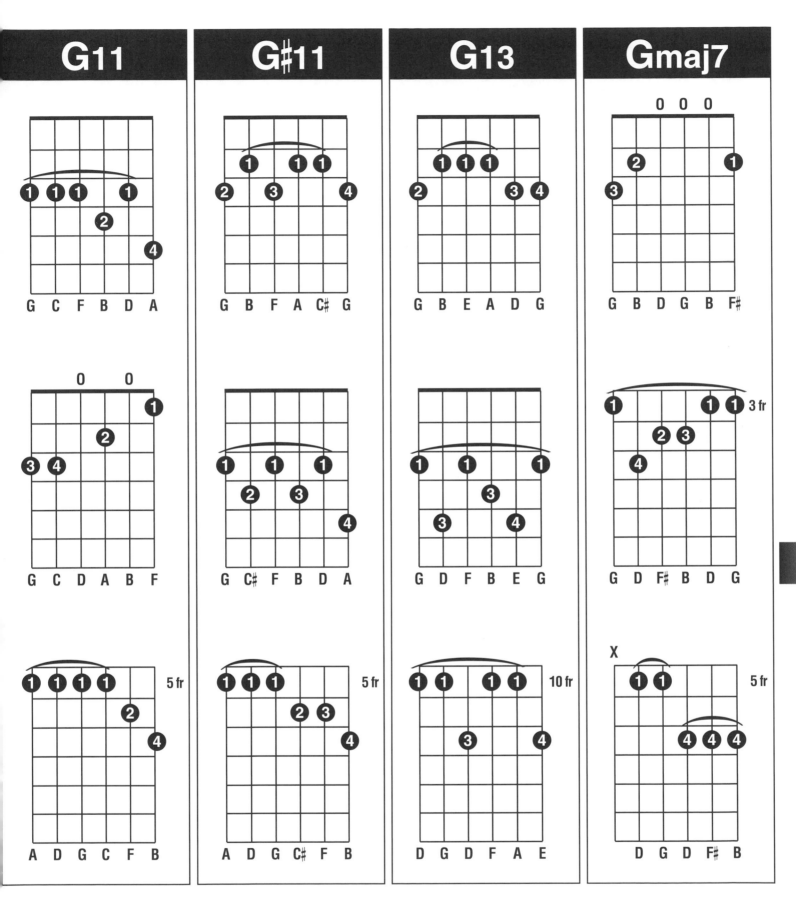

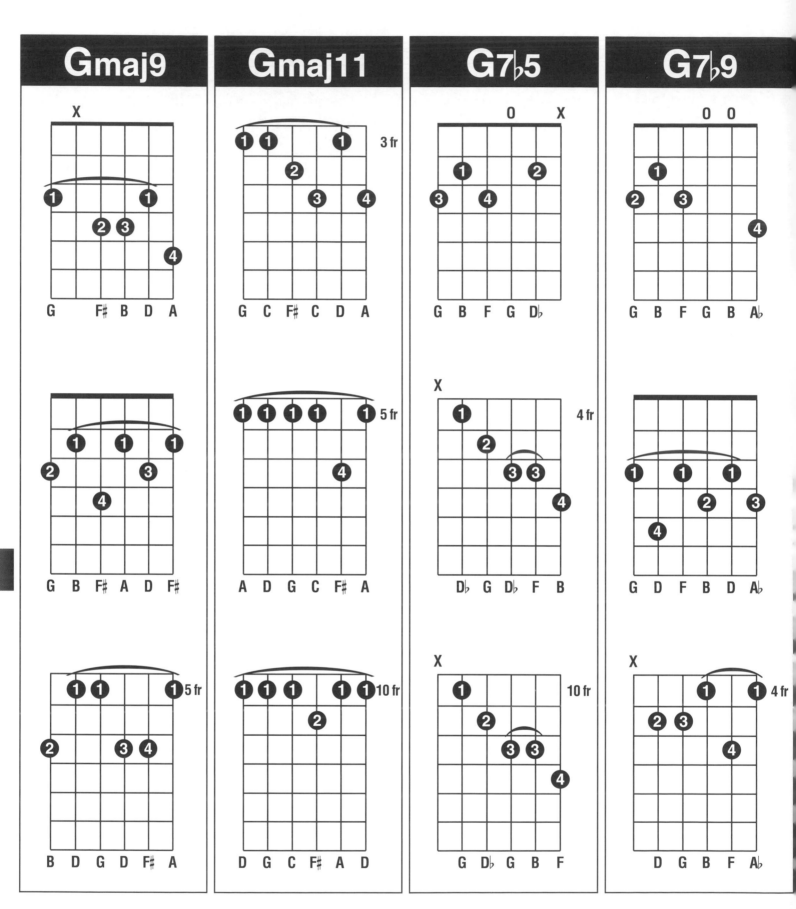

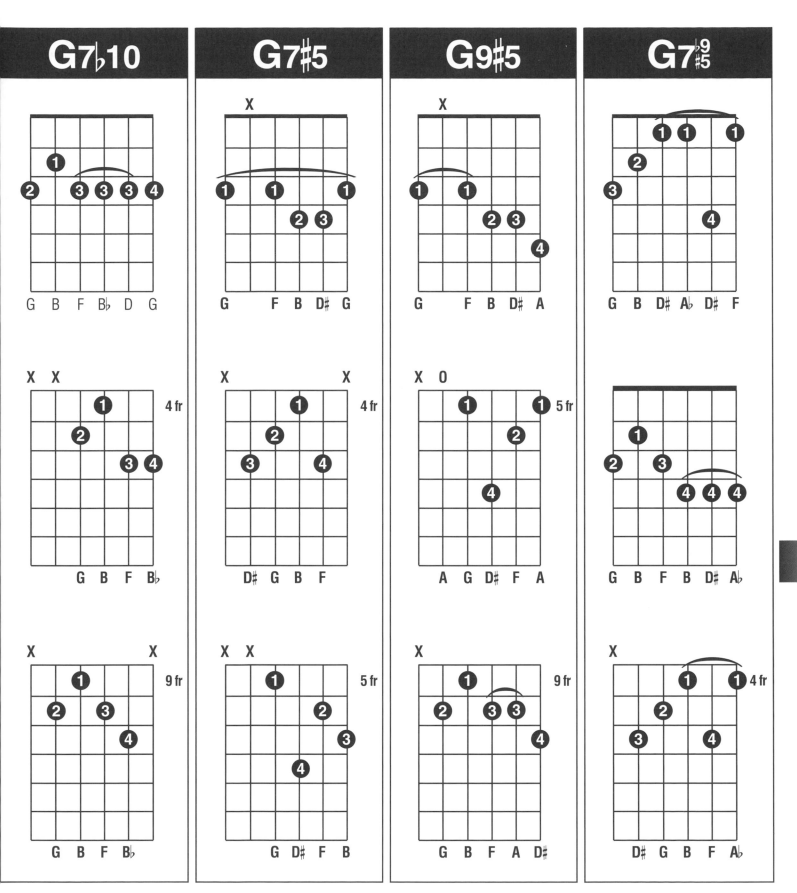

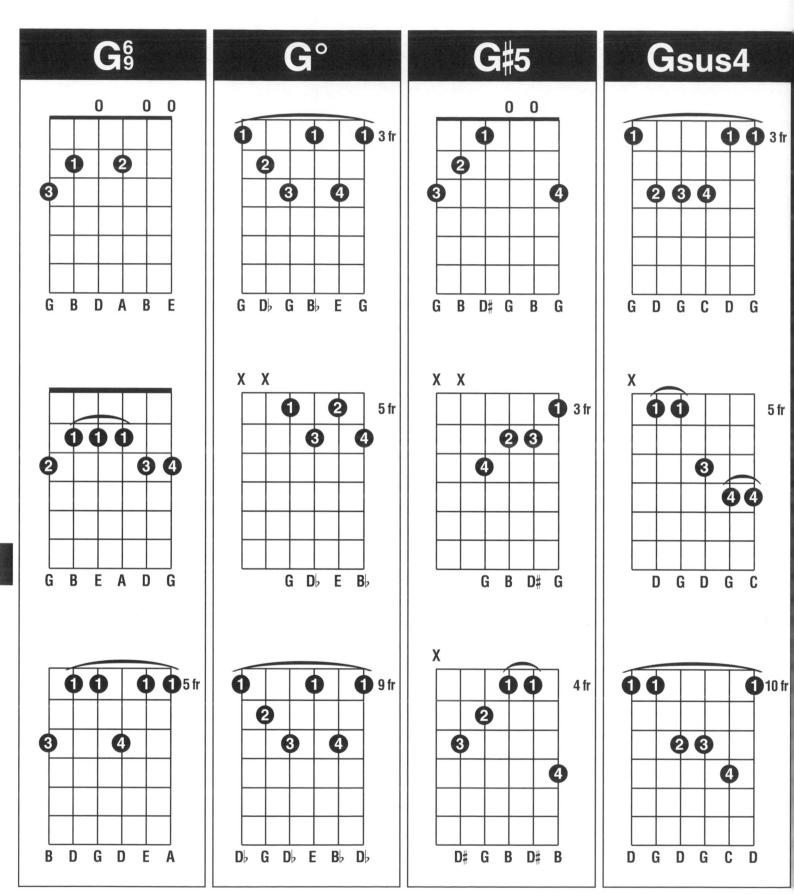

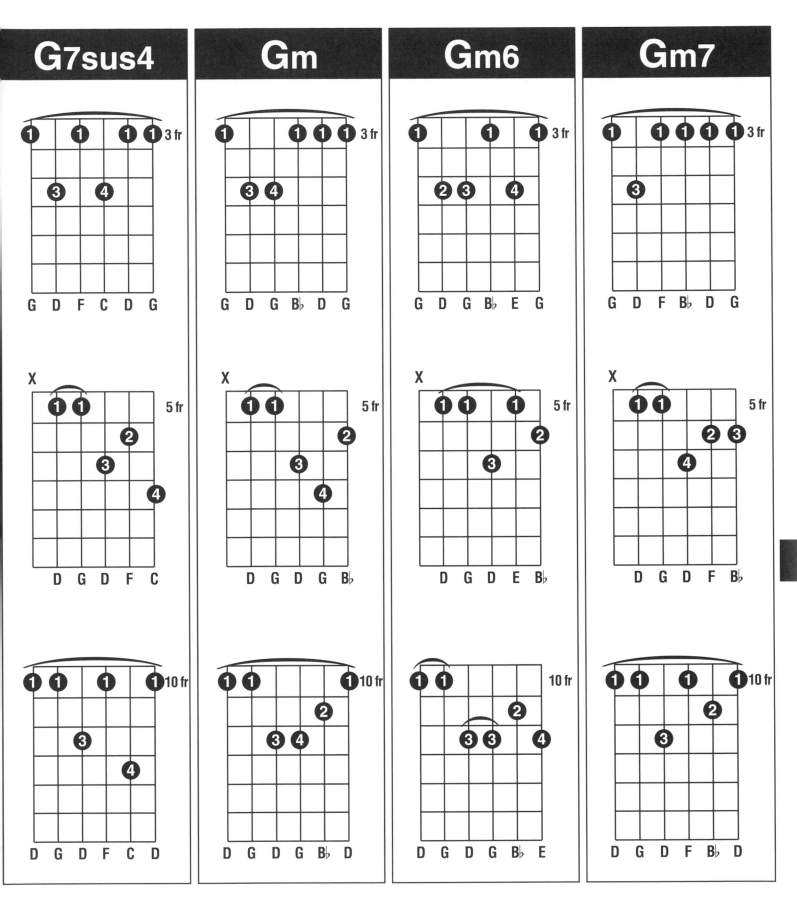

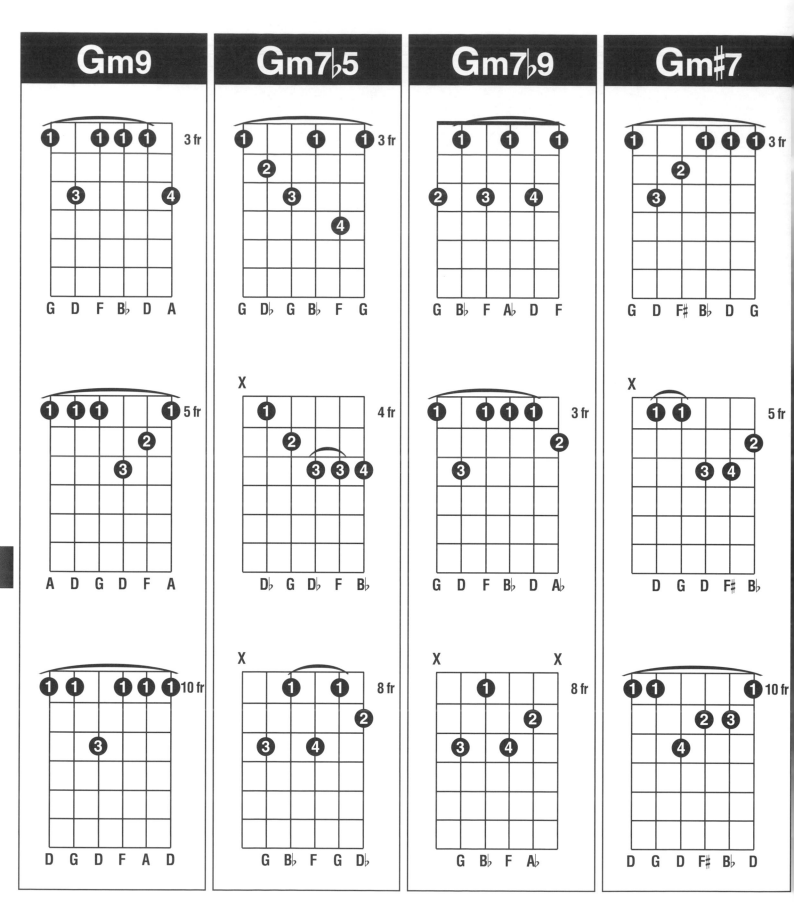

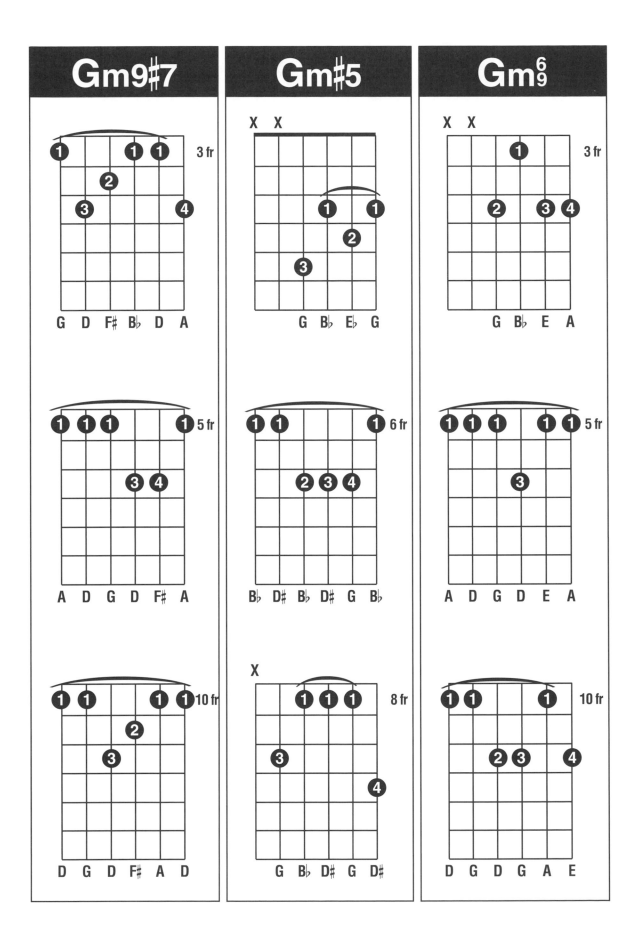

Ab

1 1 1   4 fr
2
3 4

Ab Eb Ab C Eb Ab

X
1 1   6 fr
2 3
4

Eb Ab Eb Ab C

1 1 1   8 fr
2
3
4

C Ab C Eb Ab C

Ab6

X X
1   4 fr
2
3 4

Ab C F Ab

1 1   4 fr
2
3 3 4

Ab Eb Ab C F Ab

X
1 1 1   6 fr
3 4

Eb Ab Eb F C

Ab7

1 1 1 1   4 fr
2
3

Ab Eb Gb C Eb Ab

X
1 1   6 fr
2
3 4

Eb Ab Eb Gb C

X   X
1   9 fr
2
3 4

Ab C Gb Ab

Ab9

1 1 1   4 fr
2
3 4

Ab Eb Gb C Eb Bb

X X
1   5 fr
2 3
4

Ab C Gb Bb

X
1   10 fr
2 3 3 4

Ab C Gb Bb Eb

70

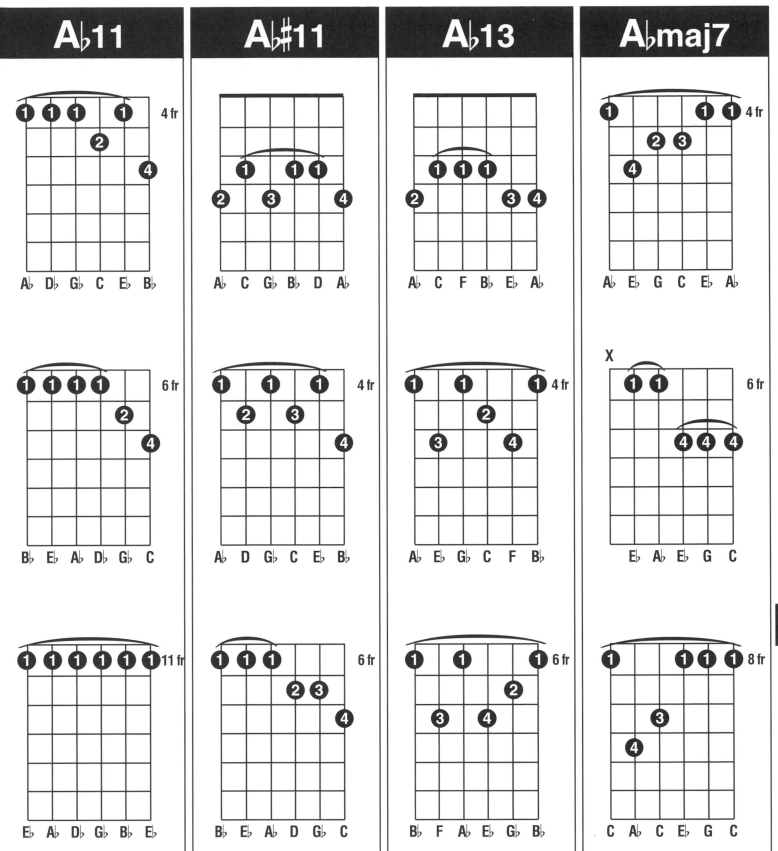

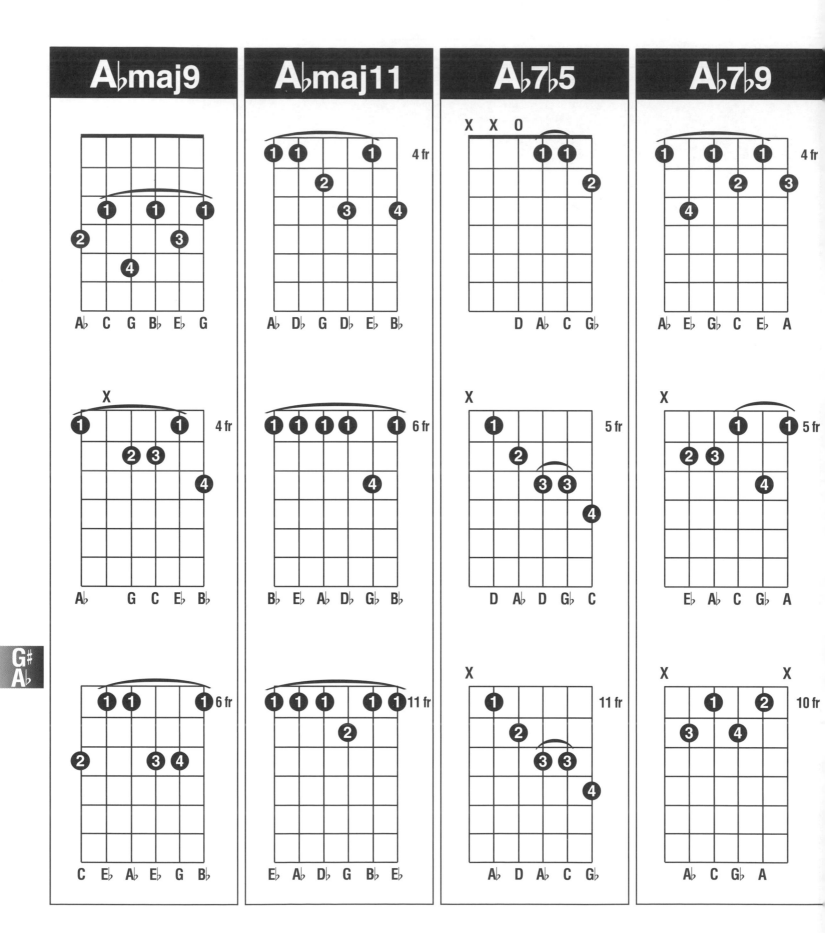

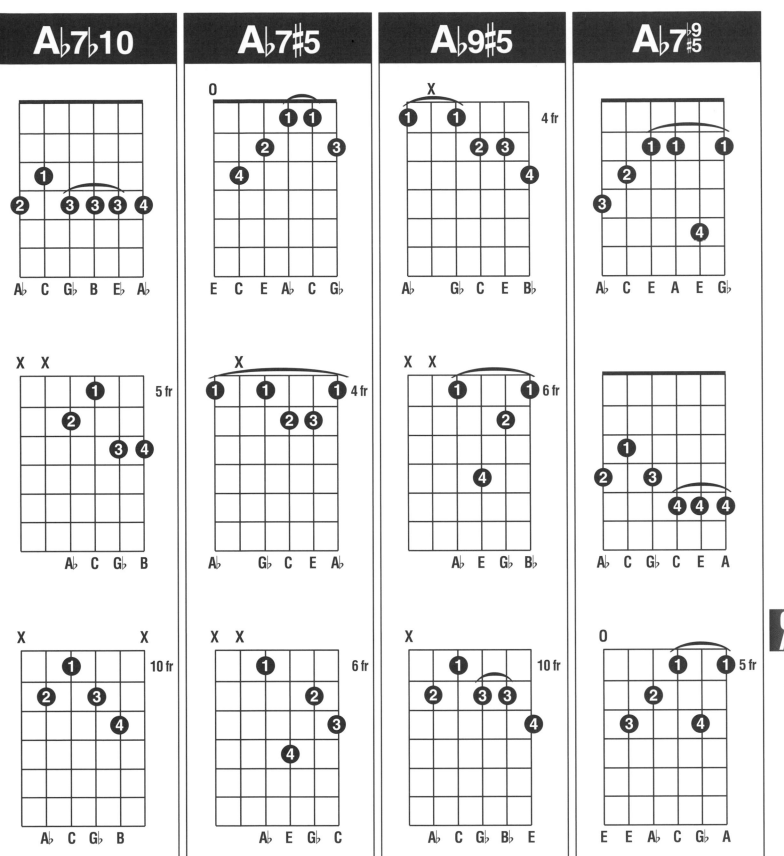

A♭6/9

A♭ C F B♭ E♭ A♭

X X   5 fr

A♭ C F B♭

6 fr

C E♭ A♭ E♭ F B♭

A♭°

A♭ D A♭ B F A♭

X X   6 fr

A♭ D F B

10 fr

D A♭ D F B D

A♭#5

X X   0

E A♭ C E

X X   4 fr

A♭ C E A♭

0

5 fr

E E A♭ C E C

A♭sus4

4 fr

A♭ E♭ A♭ D♭ E♭ A♭

X   6 fr

E♭ A♭ E♭ A♭ D♭

X X

E♭ A♭ D♭ A♭

G#
A♭

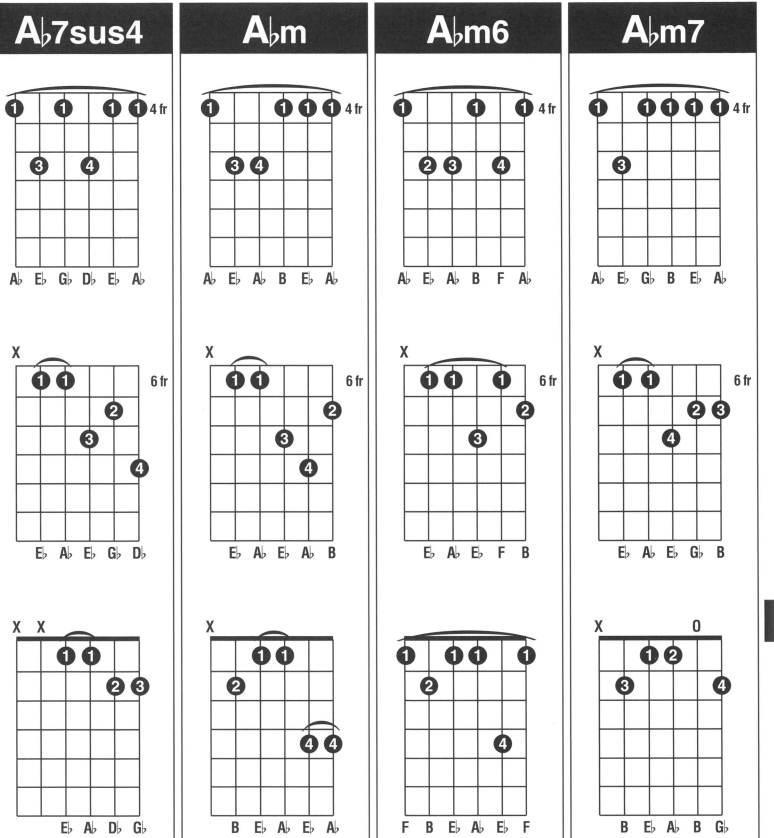

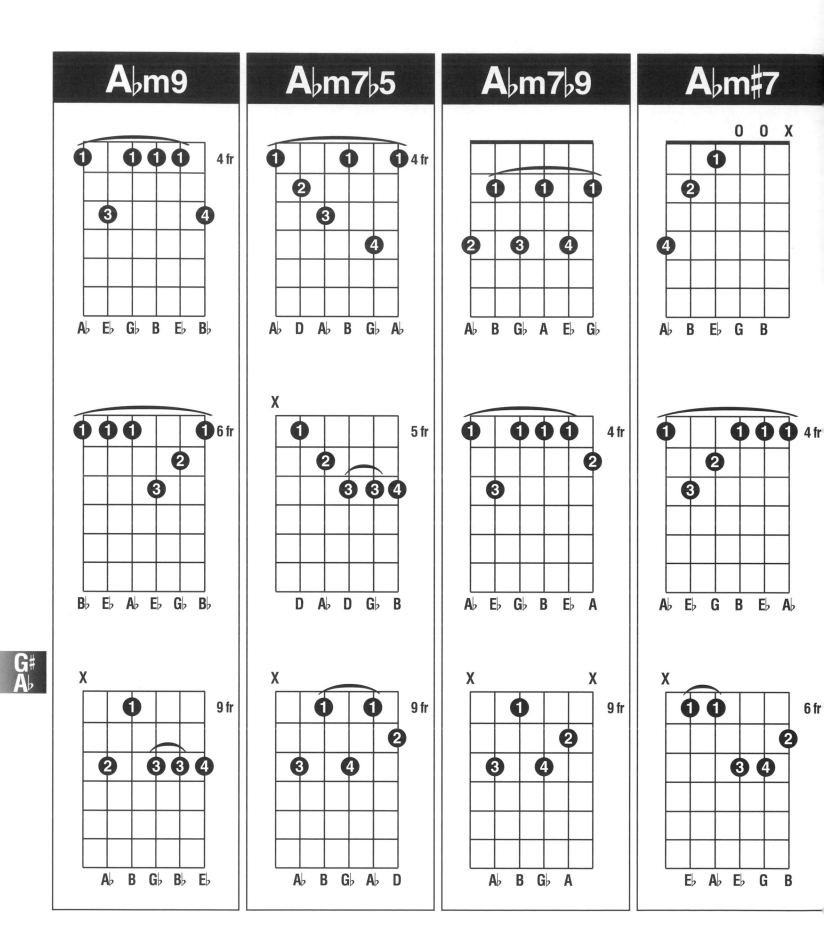

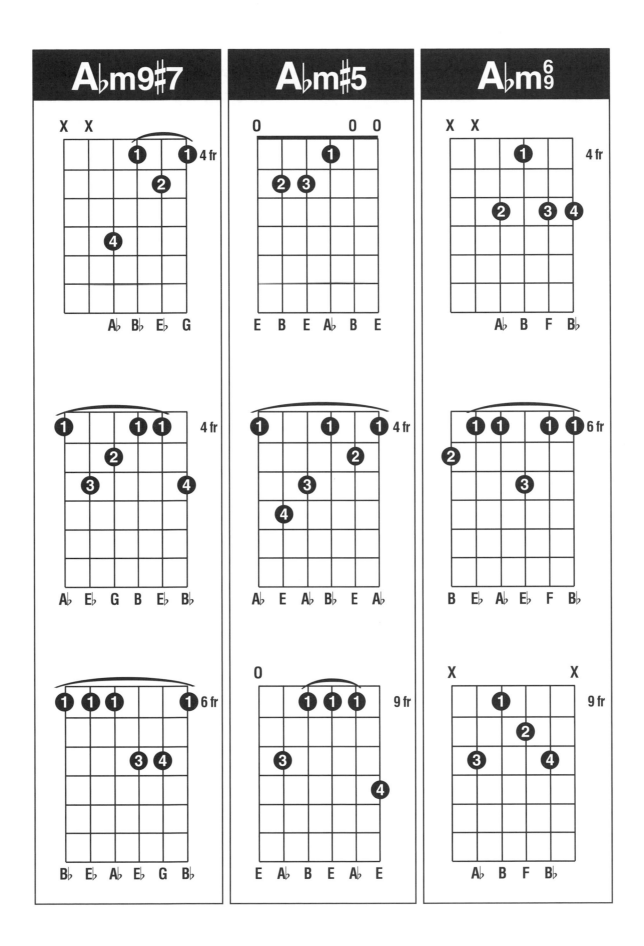

A | A6 | A7 | A9

A

0 0   0

E A E A C# E

---

1 ... 1 1   5 fr

A E A C# E A

0

1 1 ... 7 fr

E E A E A C#

A6

0 0

E A E A C# F#

---

0 0

1 ... 5 fr

E A A C# F# A

0

1 1 ... 1 7 fr

E E A E F# C#

A7

0 0

E A E A C# G

---

1 ... 1 1 1 5 fr

A E G C# E A

0

1 1 ... 7 fr

E E A E G C#

A9

0 0

E A E B C# G

---

1 ... 1 1 5 fr

A E G C# E B

---

0 0

... 6 fr

E A A C# G B

A

78

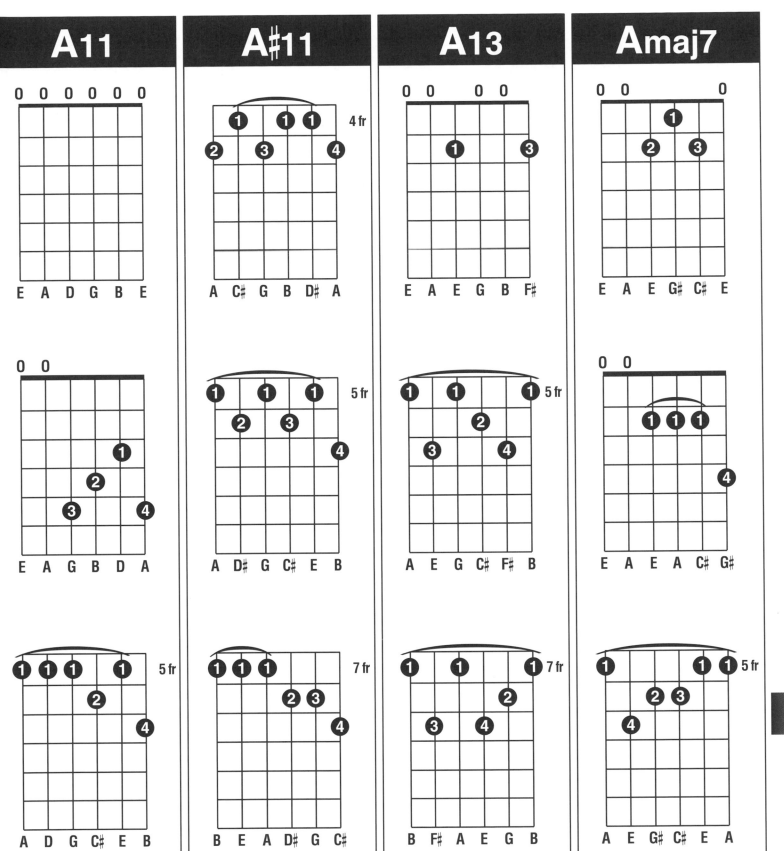

A11

0 0 0 0 0 0

E A D G B E

0 0

E A G B D A

5 fr

A D G C# E B

A#11

4 fr

A C# G B D# A

5 fr

A D# G C# E B

7 fr

B E A D# G C#

A13

0 0 0 0

E A E G B F#

5 fr

A E G C# F# B

7 fr

B F# A E G B

Amaj7

0 0 0

E A E G# C# E

0 0

E A E A C# G#

5 fr

A E G# C# E A

A

79

Amaj9

0 0

E A E B C# G#

4 fr

A C# G# B E G#

7 fr

C# E A E G# B

Amaj11

0 0

E A E B D G#

5 fr

A D G# D E B

7 fr

B E A D G# B

A7♭5

X 0

A E♭ A C# G

X

6 fr

E♭ A E♭ G C#

X 0

4 fr

A G C# E♭ A

A7♭9

0 0

E A E B♭ C# G

5 fr

A E G C# E B♭

0 0

6 fr

E A A C# G B♭

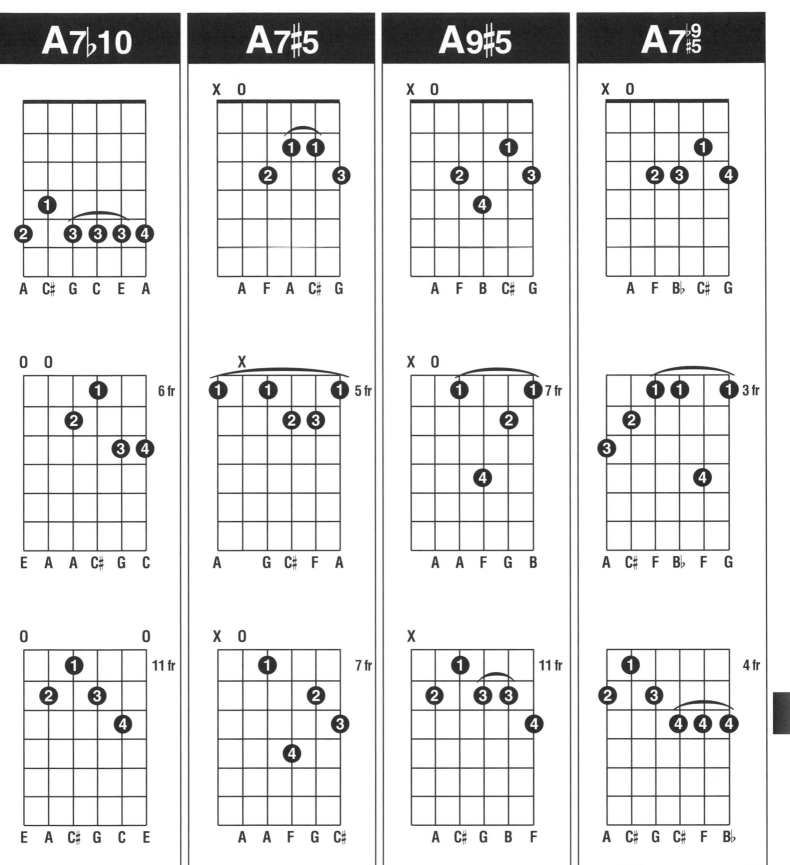

A7♭10

A C♯ G C E A

E A A C♯ G C — 6 fr

E A C♯ G C E — 11 fr

A7♯5

X O
A F A C♯ G

X — 5 fr
A G C♯ F A

X O — 7 fr
A A F G C♯

A9♯5

X O
A F B C♯ G

X O — 7 fr
A A F G B

X — 11 fr
A C♯ G B F

A7♭9♯5

X O
A F B♭ C♯ G

— 3 fr
A C♯ F B♭ F G

— 4 fr
A C♯ G C♯ F B♭

A⁶₉   A°   A♯5   Asus4

A⁶₉

0 0
E A E B C♯ F♯

4 fr
A C♯ F♯ B E A

7 fr
C♯ E A E F♯ B

A°

X 0
A E♭ A C F♯

5 fr
A E♭ A C F♯ A

X 0
7 fr
A A E♭ F♯ C

A♯5

X 0
A F A C♯ F

X 0
6 fr
A A C♯ F A

X
6 fr
F A C♯ F C

Asus4

0 0
E A E A D E

5 fr
A E A D E A

0 0
7 fr
E A A E A D

A

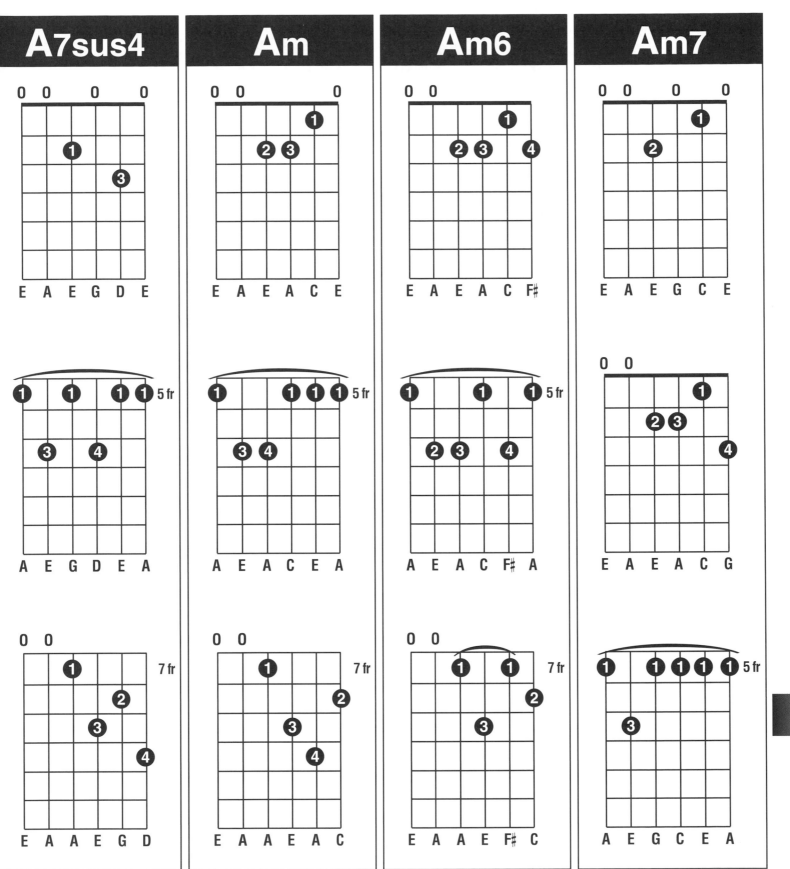

Am9

0 0　　0 0 0

E A E G B E

A E G C E B

B E A E G B

Am7♭5

X 0　　0

A E♭ G C G

A E♭ A C G A

E♭ A E♭ G C

Am7♭9

0 0

E A E B♭ C G

A C G B♭ E G

A E G C E B♭

Am♯7

0 0　　　0

E A E G♯ C E

A E G♯ C E A

E A E G♯ C

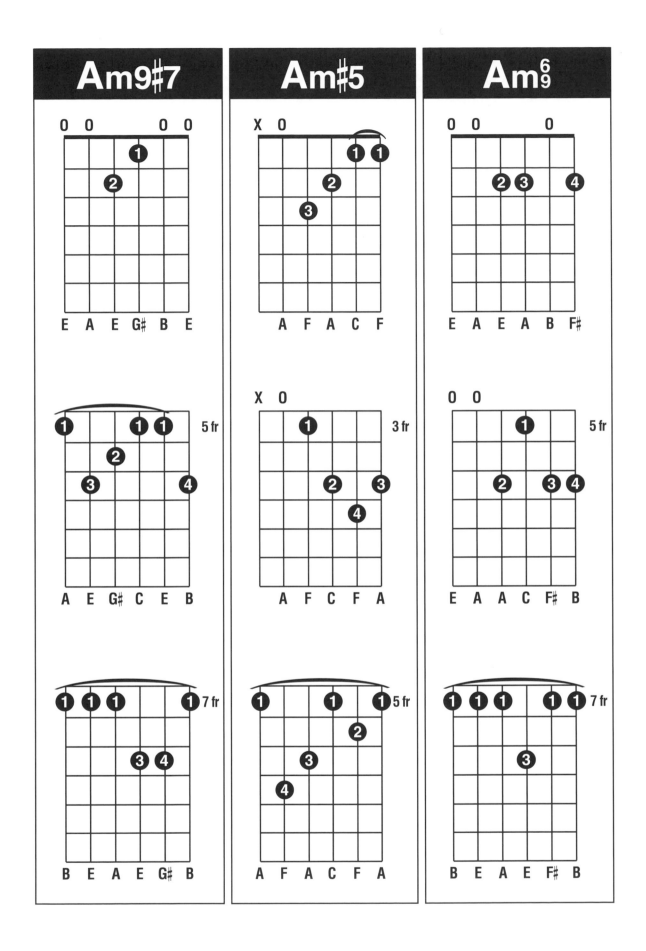

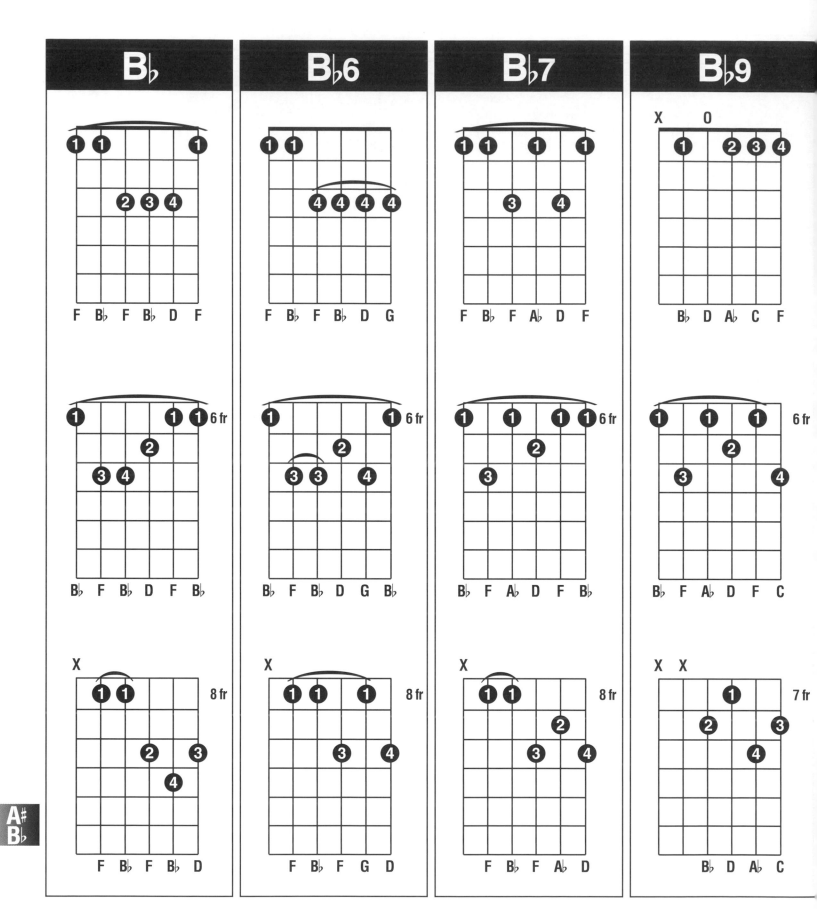

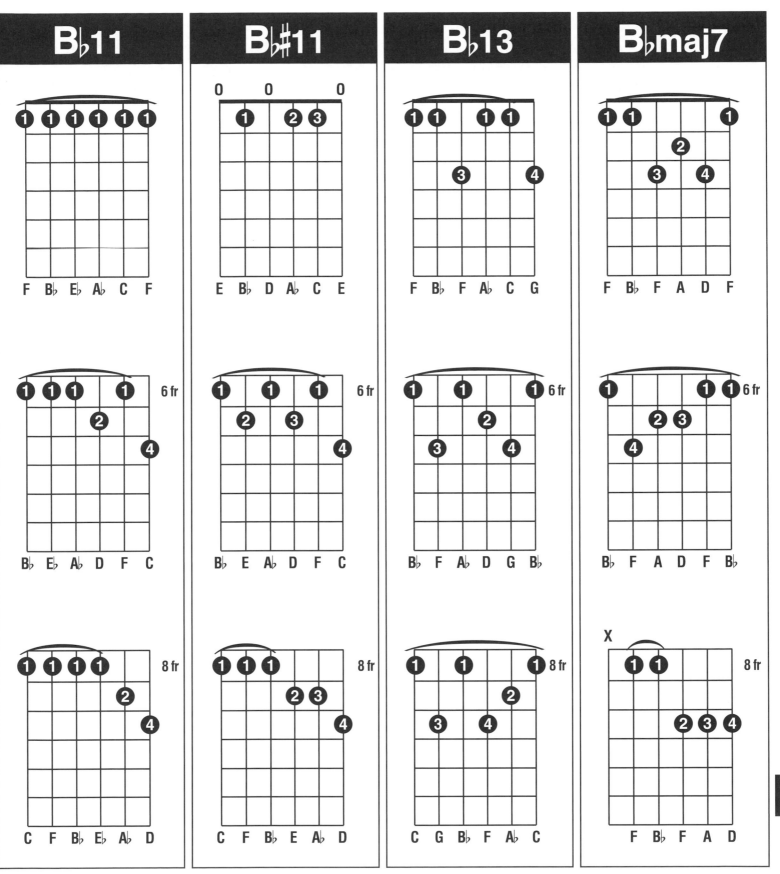

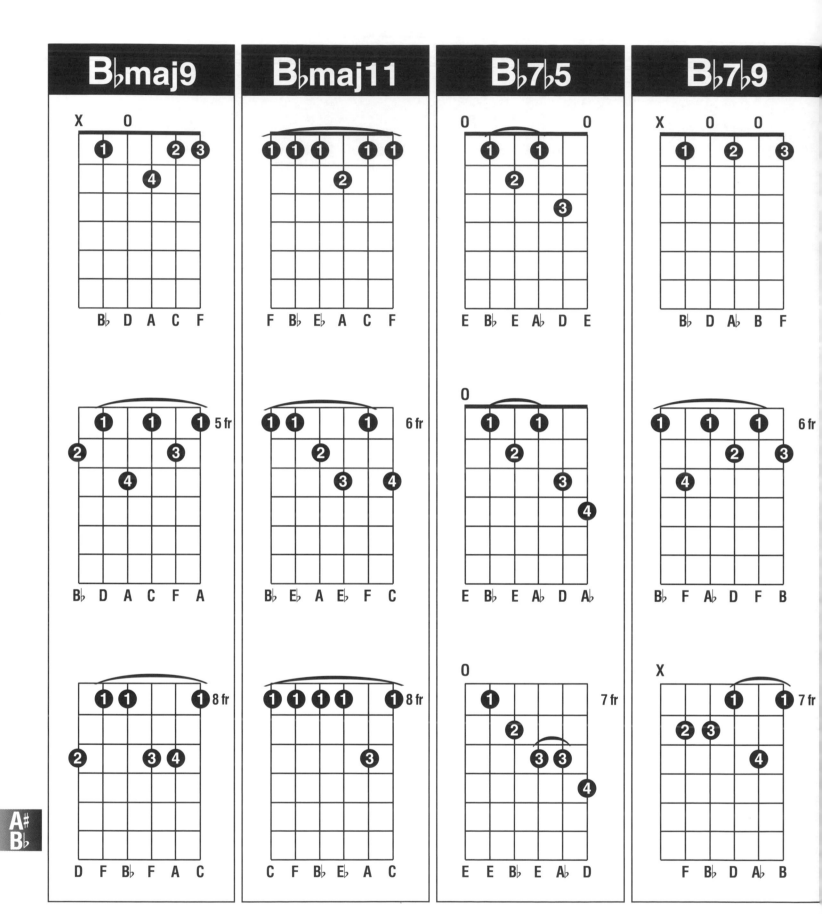

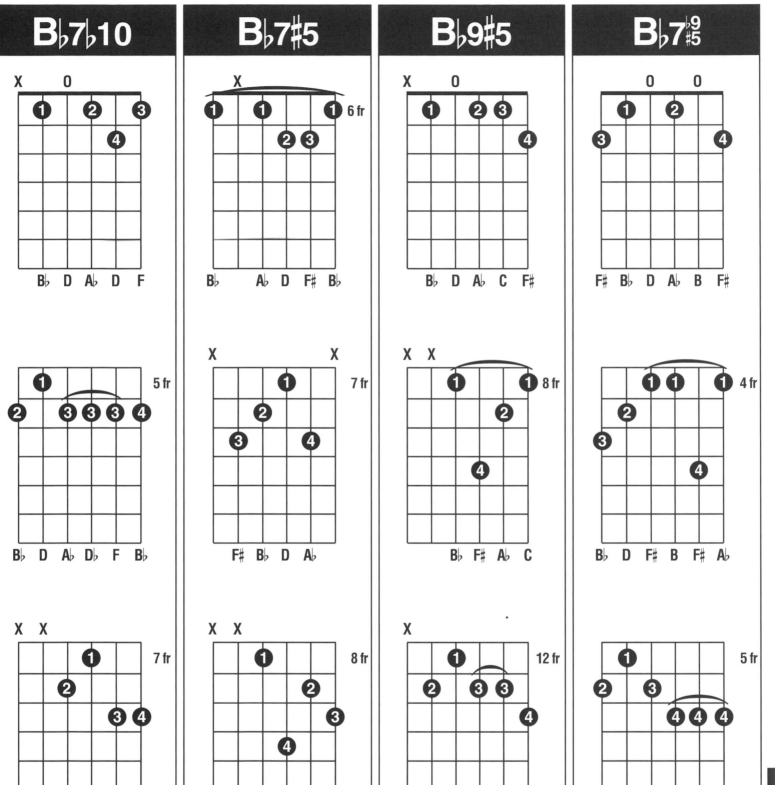

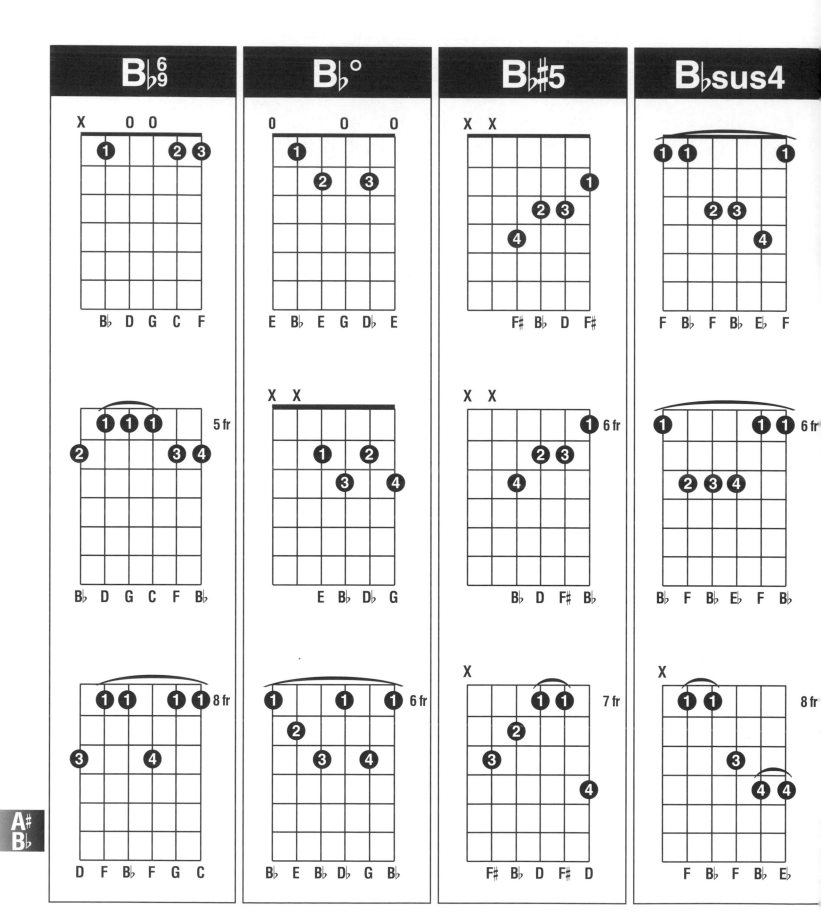

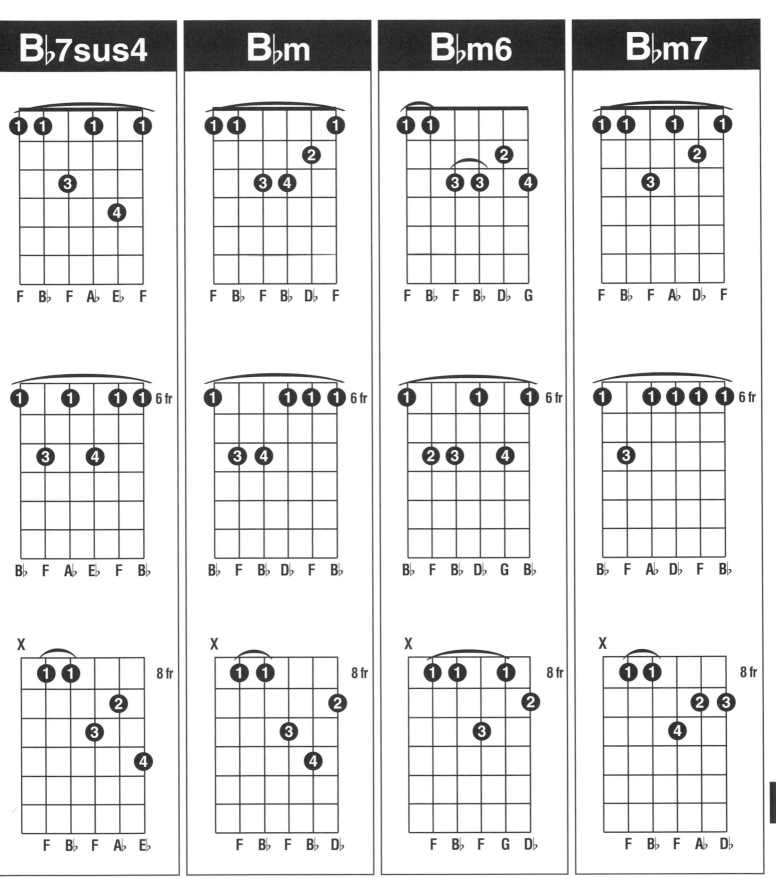

B♭7sus4   B♭m   B♭m6   B♭m7

B♭7sus4
F B♭ F A♭ E♭ F

6 fr
B♭ F A♭ E♭ F B♭

X   8 fr
F B♭ F A♭ E♭

B♭m
F B♭ F B♭ D♭ F

6 fr
B♭ F B♭ D♭ F B♭

X   8 fr
F B♭ F B♭ D♭

B♭m6
F B♭ F B♭ D♭ G

6 fr
B♭ F B♭ D♭ G B♭

X   8 fr
F B♭ F G D♭

B♭m7
F B♭ F A♭ D♭ F

6 fr
B♭ F A♭ D♭ F B♭

X   8 fr
F B♭ F A♭ D♭

A#
B♭

91

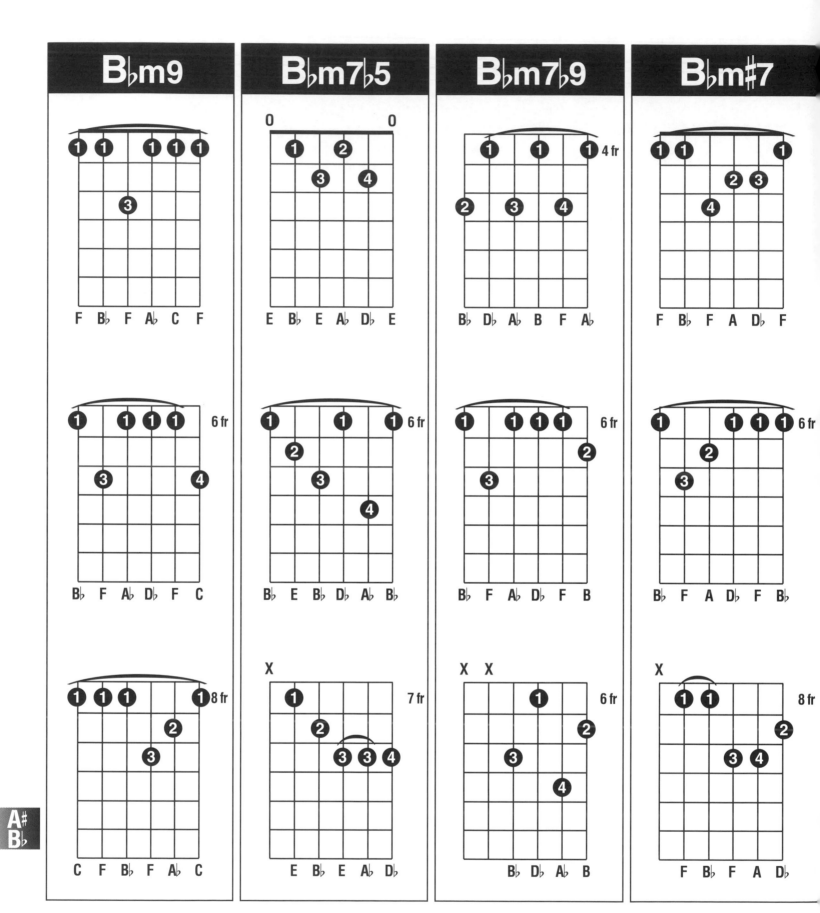

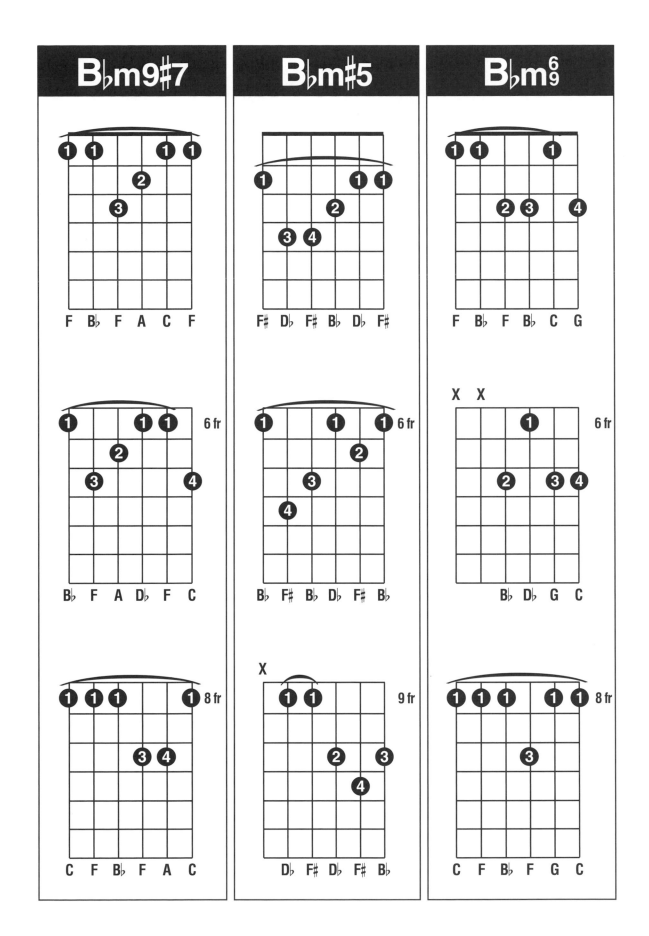

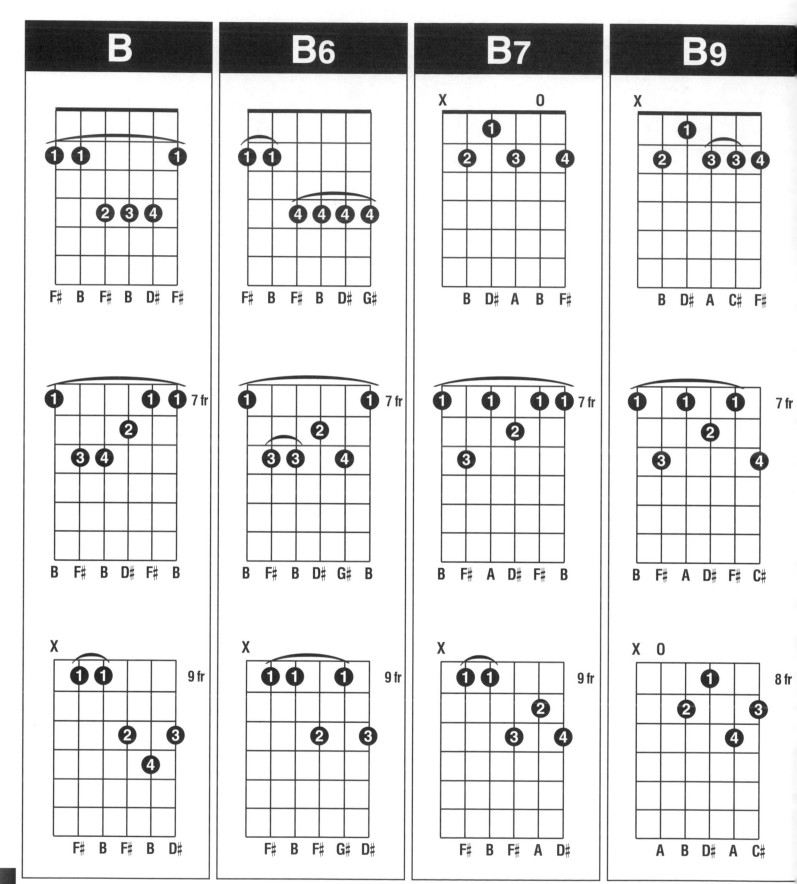

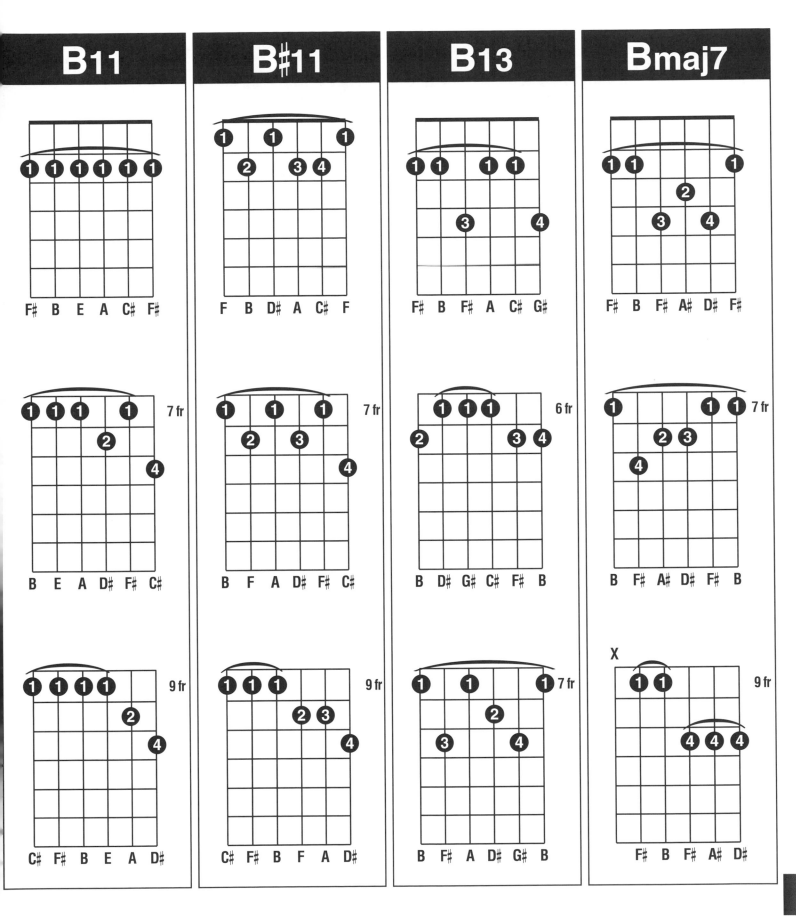

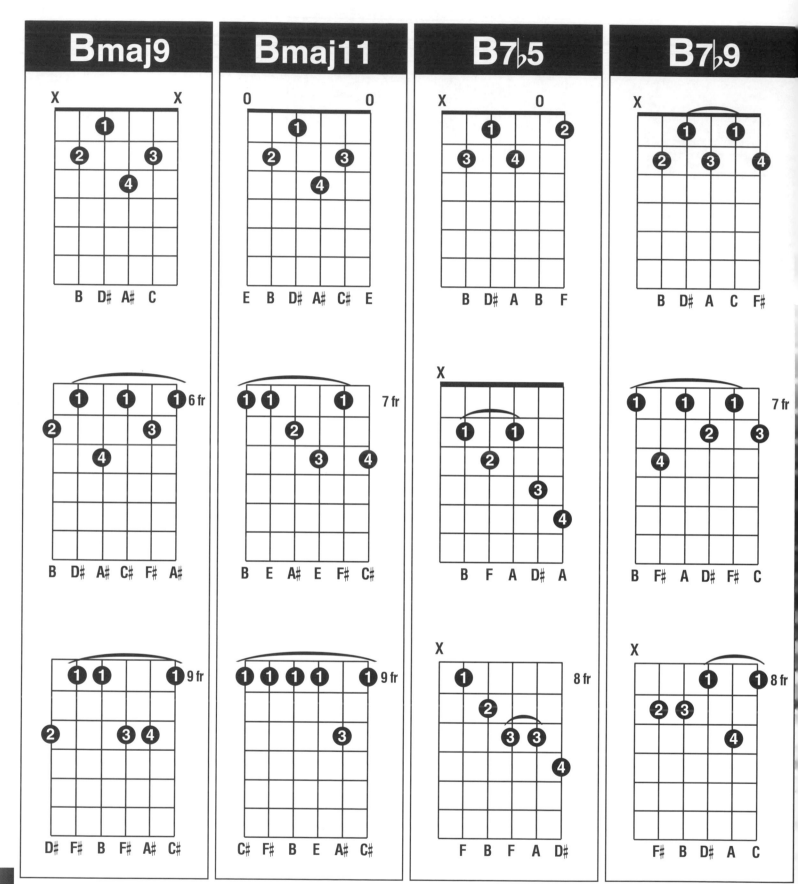

Bmaj9

Bmaj11

B7♭5

B7♭9

B

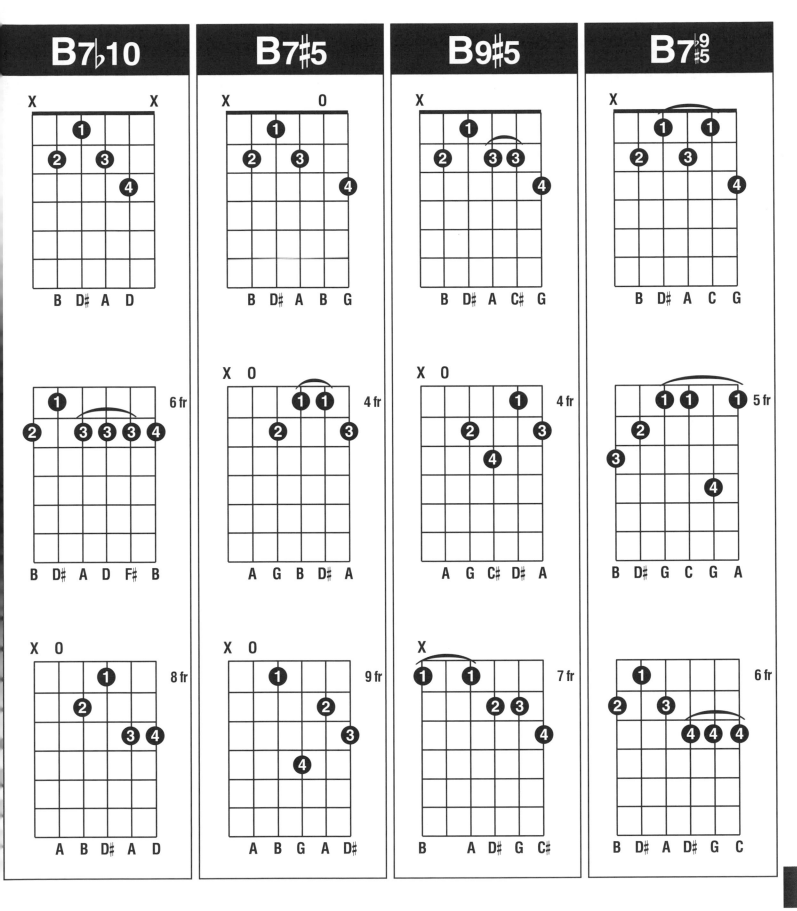

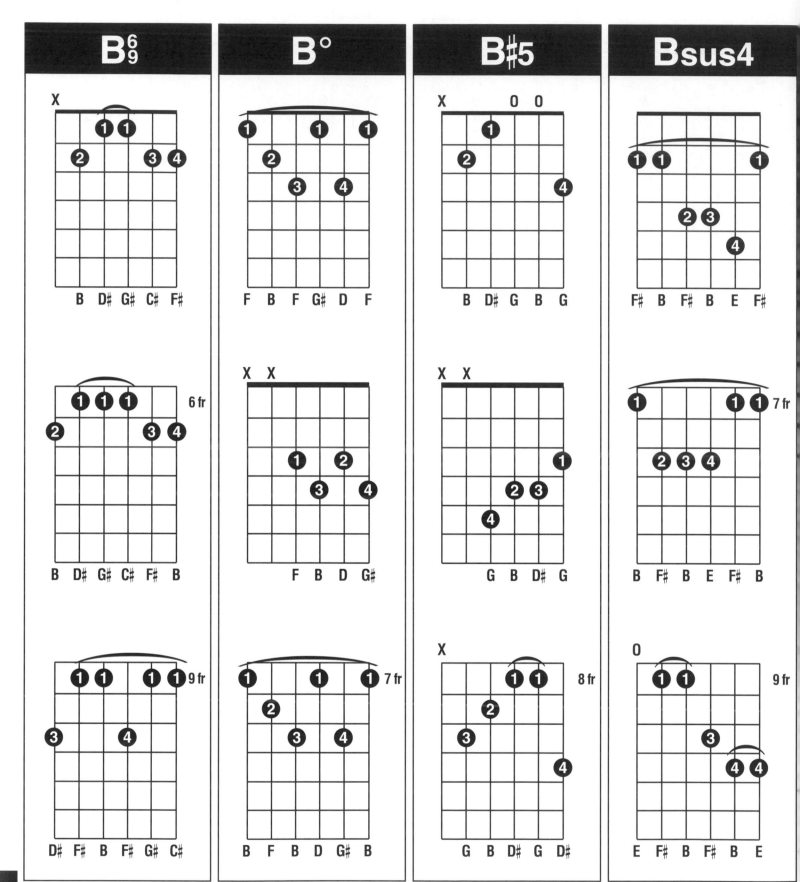

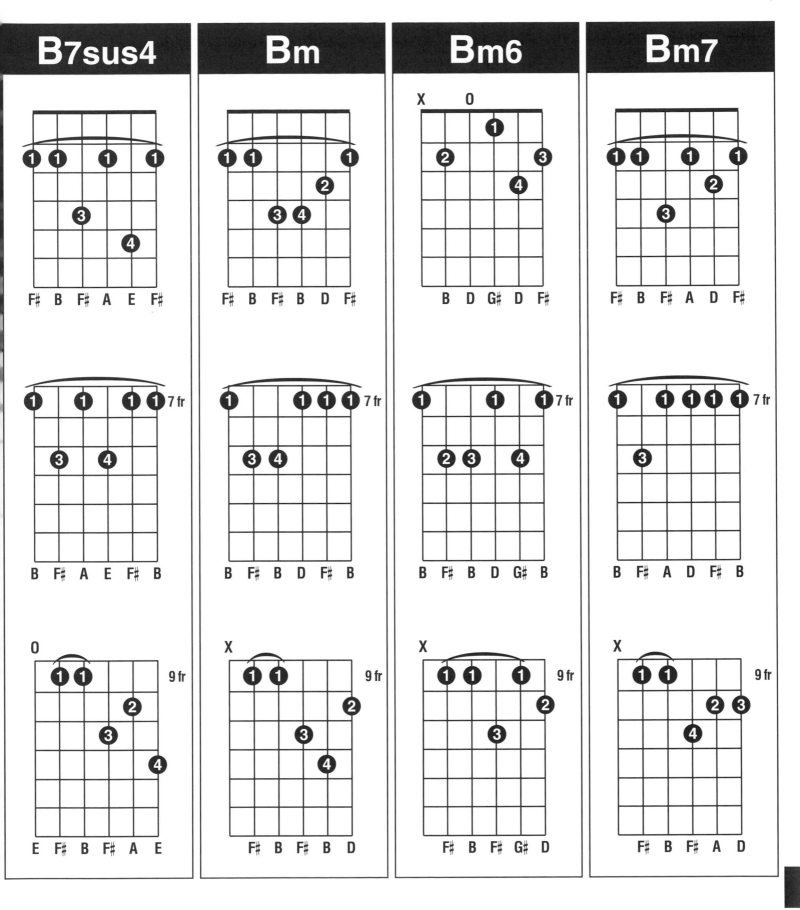

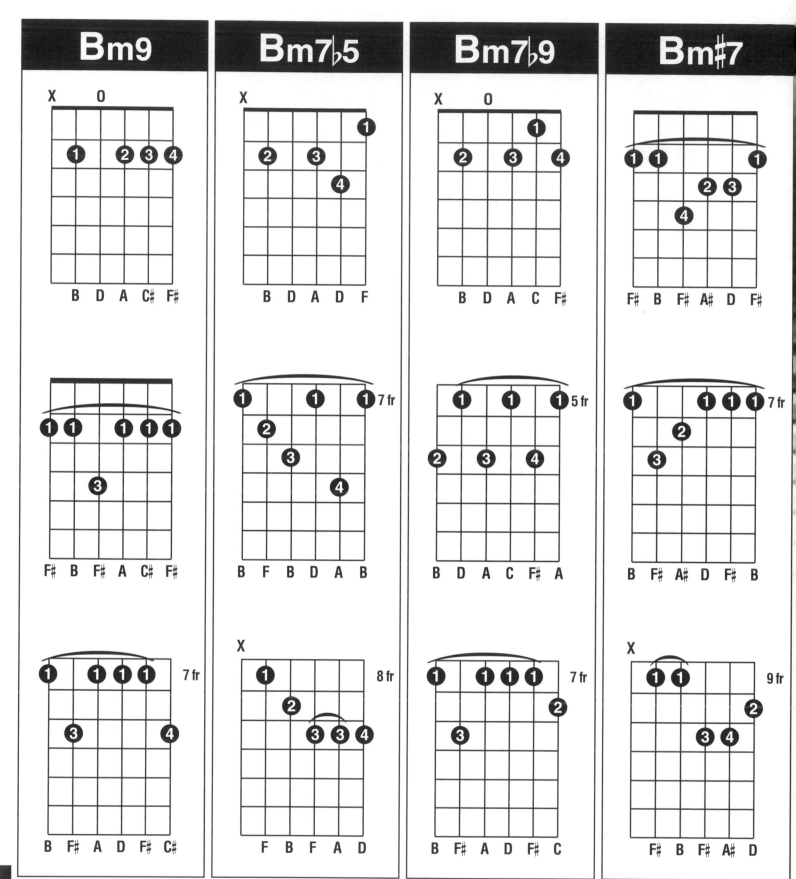

B

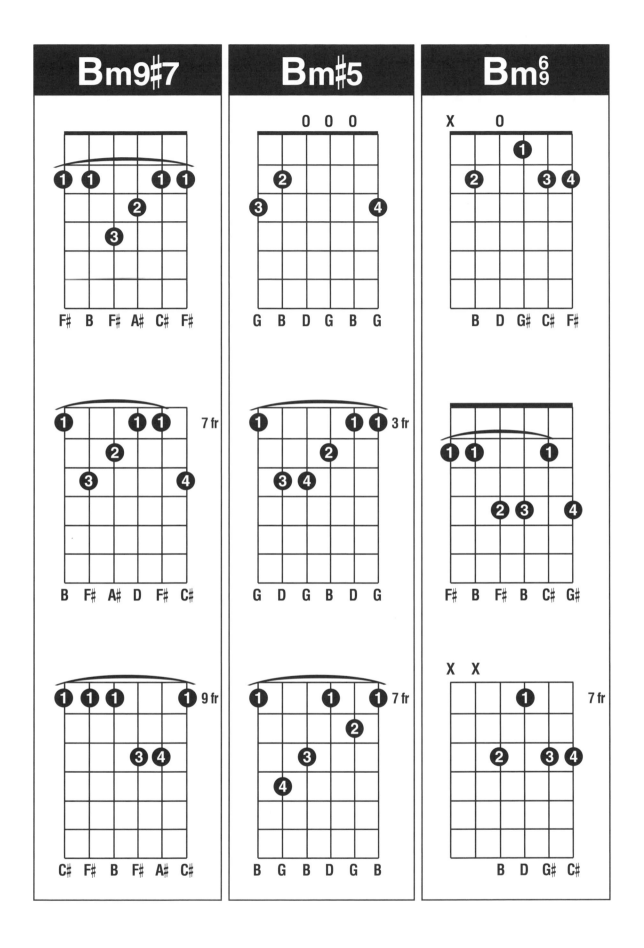

B